101 Witze
SPANISCH

zum Lachen & Lernen

PONS GmbH
Stuttgart

PONS
101 Witze
SPANISCH
zum Lachen & Lernen

von
Dr. Margarita Görrissen

2. Auflage 2021

© **PONS GmbH, Stöckachstraße 11, 70190 Stuttgart, 2021**
www.pons.de
E-Mail: info@pons.de
Alle Rechte vorbehalten.

Projektleitung: Majka Dischler
Autorin: Dr. Margarita Görrissen
Redaktion: Montserrat Varela Navarro
Logoentwurf: Erwin Poell, Heidelberg
Logoüberarbeitung: Sabine Redlin, Ludwigsburg
Einbandgestaltung und Cover-Illustration: Mariela Schwerdt, Design & Feinschliff Studio
Layout: PONS GmbH, Stuttgart
Satz: tebitron gmbh, Gerlingen
Druck und Bindung: Multiprint GmbH, Kostinbrod

ISBN: 978-3-12-562 344-6

WILLKOMMEN IN DER WELT DER WITZE!

Sie möchten Spaß haben und dabei noch etwas lernen? Sie wollen sich amüsieren und gleichzeitig Ihr Spanisch trainieren? Sie möchten bei spanischen Witzen mitlachen können oder bei Gelegenheit sogar selbst einmal einen Witz auf Spanisch zum Besten geben?

Dann sind Sie genau richtig bei Ihren **101 Witzen Spanisch zum Lachen & Lernen**, denn hier ist der Name Programm!

Sie finden im Buch **101 Witze** und kurze, knifflige **Wortspiele** mit Übersetzung und Erklärungen und dazu passende Übungen, die Ihnen einen humorvollen Einblick in die spanische Sprache und Kultur geben. Zusätzlich zu Witzen und Wortspielen erfahren Sie Wissenswertes und Skurriles zur Sprache sowie zu Land und Leuten – verpackt in kleine Info-Boxen.

UNTERHALTSAM LERNEN MIT CARTOONS UND ILLUSTRATIONEN

Das Ganze ist garniert mit einer Prise schwarzem Humor und jeder Menge lustiger **Illustrationen** und **Cartoons**. So sind kurzweilige Unterhaltung und langer Lernspaß garantiert!

ERWEITERN SIE GANZ NEBENBEI IHRE SPRACHKENNTNISSE. SO FUNKTIONIERT'S:

Das Buch ist in zwölf Kapitel mit verschiedenen Witzekategorien – von Tierwitzen über Wortspiele, bis hin zu Arzt- oder Schülerwitzen aufgeteilt. Und natürlich spielen Witze immer auch mit den verschiedensten Klischees.

Jede Doppelseite im Buch besteht aus einer Witzeseite links mit Übersetzung und einer Übungsseite rechts mit **spielerischen Übungen**. Hier wird entweder ein bestimmtes Grammatikphänomen oder der Wortschatz aus dem Witz wieder aufgegriffen bzw. erweitert und kann nun geübt und gelernt werden. Dadurch frischen Sie Ihre Sprachkenntnisse wie von selbst wieder auf!

LOCKERE ÜBUNGEN VON LEICHT BIS SCHWER

Damit Sie die Sprache individuell passend zu Ihrem Lernniveau üben können, stehen Ihnen zu jedem Kapitel lockere **Übungen in drei Schwierigkeitsstufen** zur Verfügung:

★ = leicht

★★ = mittel

★★★ = schwer

LÖSUNGEN ZU DEN ÜBUNGEN AUF JEDER DOPPELSEITE

Mithilfe der **Lösungen** am Seitenrand können Sie direkt im Anschluss an jede Übung überprüfen, ob Sie richtig lagen – ohne umständliches Umblättern.

Kleiner Tipp: Übungen, in die sich noch der Fehlerteufel eingeschlichen hat, wiederholen Sie einfach zu einem späteren Zeitpunkt noch einmal. Wäre doch gelacht, wenn Sie das nicht schaffen!

Wenn Sie die Witze mit Übungen in Ihrem Lernniveau gelesen und geübt haben, können Sie sich auch steigern und schwierigere Übungen angehen.

LOS GEHT'S!

Und nun trainieren Sie sowohl Ihre Lachmuskeln als auch Ihr Spanisch mit 101 Witzen und Übungen, frei nach dem Motto:
Wer zuletzt lacht, lernt am besten!

Viel Spaß!

Ihre PONS-Redaktion

INHALT

GRAMMATIKBEGRIFFE

adjetivo	Adjektiv (Adj.)
adverbio	Adverb (Adv.)
artículo	Artikel (Art.)
condicional	Konditional
conjugación	Konjugation
conjunción	Konjunktion (Konj.)
estilo indirecto	Indirekte Rede
futuro	Futur
imperativo	Imperativ
indicativo	Indikativ (Ind.)
infinitivo	Infinitiv
número ordinal	Ordinalzahl
participio perfecto	Partizip Perfekt
preposición	Präposition (Präp.)
presente	Präsens
pretérito imperfecto	Imperfekt
pretérito indefinido/simple	Indefinido
pretérito perfecto	Perfekt
pronombre	Pronomen
pronombre de objeto	Objektpronomen
pronombre demostrativo	Demonstrativpronomen
pronombre personal	Personalpronomen
pronombre posesivo	Possessivpronomen
subjuntivo	Subjuntivo (Subj.)

101 WITZE & WORTSPIELE

1 EN EL DESIERTO ★

Un ratón y un elefante van por el desierto.
Dice e ratón:

> ¿Puedo estar en tu sombra?
> Luego podemos cambiar.

Eine Maus und ein Elefant laufen durch die
Wüste. Sagt die Maus:
„Darf ich mich in deinen Schatten stellen?
Danach können wir tauschen."

2 ¿CUÁL ES ? ★

> ¿Cuál es el último animal?[1]

> ¡El del-fin![2]

1 „Welches ist das letzte Tier?"
2 „Der Delfin!" / Der Letzte!

Witze bedienen sich oft gleichlautender Wörter mit unter-
schiedlicher Bedeutung. Der Witz entsteht hier dadurch,
dass der Name des Tieres, **el delfín**, genauso klingt wie **el
del fin** (wörtlich: *der vom Schluss*).

¿QUÉ O CUÁL?

Welche/r/s wird im Spanischen mit **qué** übersetzt, wenn ein Substantiv folgt, ansonsten mit **cuál/es**. Ergänzen Sie die Sätze.

1. ¿..................... delfín vive en el Amazonas?
2. ¿..................... es tu apellido?
3. ¿..................... países conoces?
4. ¿..................... son tus cantantes favoritos?
5. ¿..................... deportes practicáis?

Wussten Sie, dass es in Südamerika rosafarbene Delfine gibt? Der **delfín rosado** lebt ausschließlich in Süßwasser im Amazonasgebiet und wird 2 bis 3 Meter lang.

¿MASCULINO O FEMENINO?

Bei Substantiven auf **-e** oder auf Konsonant weiß man das oft nicht. Markieren Sie!

	EL	LA
1. coche	⊙	⊙
2. animal	⊙	⊙
3. llave	⊙	⊙
4. hotel	⊙	⊙
5. postal	⊙	⊙
6. fuente	⊙	⊙

3 EN EL MAR ★

¿Qué hace un pez en el mar?[1]

¡Nada![2]

1 „Was macht ein Fisch im Meer?"
2 „Er schwimmt!"= Nichts!

Nada ist die Pointe des Witzes. Es bedeutet sowohl *er schwimmt* als auch *nichts*.

4 ABEJA DEPORTISTA ★

¿Qué hace una abeja en un gimnasio?[1]

¡Zumba![2]

1 „Was macht eine Biene im Fitnessstudio?"
2 „Sie summt!" = Zumba!

Zumba ist eine Ganzkörper-Trainings-
form, die ihren Ursprung in
Kolumbien in den 1990er Jahren
hat. Vor einer Gruppe tanzt der
Trainer oder die Trainerin eine
Choreografie vor, die meistens
Aerobic-Übungen integriert.
Wichtig sind dabei latein-
amerikanische Rhythmen wie **salsa** oder **merengue**. Nicht nur
die Fitness, sondern auch Kreativität und der Spaß an Musik und
Bewegung werden durch diese Sportart gefördert.

FALSOS AMIGOS

**In der Tabelle finden Sie Wörter, die oft falsch verstanden werden.
Was ist die richtige Bedeutung der fettgedruckten Wörter?**

		heißt	und nicht	das entspricht
1.	el gimnasio		Gymnasium	el instituto secundario
2.	la carta		Karte	la tarjeta
3.	el mapa		Mappe	la carpeta
4.	el regalo		Regal	la estantería
5.	el mantel		Mantel	el abrigo
6.	la raqueta		Rakete	el cohete, el misil

5 MALA MEMORIA ★

¿Sabes que los peces tenemos muy mala memoria?[1]

¿Qué?[2]

¿Qué de qué?[3]

1 „Weißt du, dass wir Fische ein sehr schlechtes Gedächtnis haben?"
2 „Was ist?" **3** „Was ist, womit?"

PRONOMBRES INTERROGATIVOS

Alles vergessen! Setzen Sie ein:
Cómo, Dónde, Cuántos, Qué, Quién, Quiénes.

1. ¿................... es esa señora?
2. ¿................... se llama?
3. ¿................... hace?
4. ¿................... años tiene?
5. ¿................... vive?
6. ¿................... están con ella?

Im Spanischen haben nicht nur Goldfische ein schlechtes Gedächtnis! **Tener memoria de pez** bedeutet, dass man sich nichts merken kann. Der Fisch steht im Kontrast zum Elefanten, der angeblich nichts vergisst, da er **una memoria de elefante** (ein Elefantengedächtnis) hat!

PESCADO AL HORNO

Ordnen Sie die Reihenfolge dieses Rezeptes: Schreiben Sie die Zahlen 1-7 in die freien Felder.

A Colocar las patatas y la verdura en el molde.

B Ponerle a todo ajo, sal y pimienta y un poco de aceite de oliva.

C Echar un poco de aceite de oliva en un molde.

D Precalentar el horno a 175 - 200 grados.

E Cocinar en el horno durante 15 minutos. ¡Listo!

F Pelar las patatas y cortar la verdura en trozos.

G Poner el pescado encima de las patatas y la verdura.

el molde

Auf Spanisch macht man einen Unterschied zwischen **pez** (*lebender Fisch*) und **pescado** (Fisch, der zum Verzehr geeignet ist, wörtlich *gefischt*). In der so genannten **dieta mediterránea** (*mediterrane Kost*) wird viel Fisch gegessen: Die beliebteste und günstigste Sorte ist die **merluza** (*Seehecht*).

¿QUIÉN VA? ★★

Dos ovejas juegan al fútbol y una lanza
el balón muy lejos y dice: "¡Bee!"
Responde la otra: "¡Yo no, ve tú!"

Zwei Schafe spielen Fußball und das eine
schießt den Ball ganz weit weg
und sagt: „Bäh!"
Da erwidert das andere:
„Ich (geh) nicht, geh du!"

Im Spanischen werden **b** und **v** am Wort-
anfang gleich ausgesprochen, daher klingt
¡Ve! *(Geh!)* genauso wie „¡Bee! *(Mäh!)*".

EL IMPERATIVO

Der Imperativ der 2. Person Singular **(tú)** lautet meistens genauso wie die
3. Person Singular des Präsens **(él)**. Tragen Sie die Aufforderungsformen für
die folgenden Verben in die Tabelle ein:

1.	trabajar	**4.**	traer
2.	pensar	**5.**	oír
3.	dormir	**6.**	aprender

¡CUÁNTAS ÓRDENES!

Markieren Sie im Gitter die unregelmäßigen Imperative (tú) dieser Verben: 1. **decir**, 2. **hacer**, 3. **poner**, 4. **salir**, 5. **ir**, 6. **dar**, 7. **venir**, 8. **tener**, 9. **ser**, 10. **ver.**

P	O	N	F	Z	D	J
A	R	V	Á	G	A	N
E	N	E	G	H	A	Z
A	T	E	N	Y	A	Q
S	Ó	P	D	V	E	N
A	V	A	I	T	I	N
L	E	G	D	P	S	É

1. ....
2. ....
3. ....
4. ....
5. ....
6. ....
7. ....
8. ....
9. ....
10. ....

ANIMALES DE GRANJA

Ordnen Sie jedem Tier seinen Namen zu.

1   2   3   4

5   6   7   8

...... **A** el caballo

...... **B** la cabra

...... **C** la vaca

...... **D** el cerdo

...... **E** la gallina

...... **F** el ganso

...... **G** el conejo

...... **H** la oveja

¡QUÉ PERRO!

★★

Mi perro es tan inteligente, que cada día me trae el periódico.[1]

¡Pero eso lo saben hacer muchos![2]

Sí, ¡pero yo no tengo suscripción![3]

1 „Mein Hund ist so intelligent, dass er mir jeden Morgen die Zeitung bringt."
2 „Aber das können ja viele!"
3 „Ja, aber ich habe gar kein Abo!"

¿TODOS O CADA?

Vervollständigen Sie:

1. todos los días
= cada día

2. .... mañanas
= ....

3. .... meses
= ....

Mit **todos/as** + bestimmter Artikel + Substantiv drückt man aus, dass etwas regelmäßig geschieht. Möchte man „jeden einzelnen" hervorheben, dann verwendet man **cada** + Substantiv im Singular.

¿SABER O PODER?

Können heißt im Spanischen **saber**, wenn man sich auf eine erlernte Fähigkeit bezieht. **Poder** dagegen drückt eine Möglichkeit aus. Verbinden Sie!

1.	Mi perro sabe traerme el periódico.	.......**A**	Hoy es día festivo y no hay.
2.	Mi perro no puede traerme el periódico.	.......**B**	No conozco las reglas.
3.	No sé jugar al fútbol.	.......**C**	Me duelen los pies.
4.	No puedo jugar al fútbol.	.......**D**	¡Es muy inteligente!

LOS DÍAS DE LA SEMANA

Wie sieht Ihre Energie an den einzelnen Wochentagen aus? Schreiben Sie die Tage der Reihe nach auf.

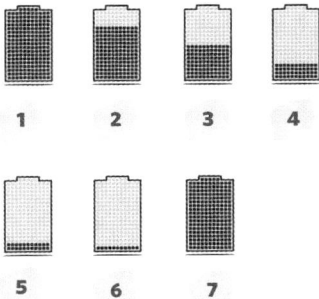

1. domingo

2. ....

3. ....

4. ....

5. ....

6. ....

7. ....

8 UN ACCIDENTE ★★

Una tortuga atropella a un caracol. Cuando llega la ambulancia, le preguntan: "¿Qué pasó?" Y dice el caracol:
"Ni idea. ¡Fue demasiado rápido!"

Eine Schildkröte rennt eine Schnecke um. Als der Krankenwagen kommt, wird sie gefragt: „Was ist passiert?" Sagt die Schnecke: „Keine Ahnung! Es ging viel zu schnell!"

¿A QUIÉN LLAMAR EN UNA EMERGENCIA?

Wie heißen die Einsatzfahrzeuge? Tragen Sie die Nummer ein.

..... **A** la grúa

..... **B** los bomberos

..... **C** la policía

..... **D** la ambulancia

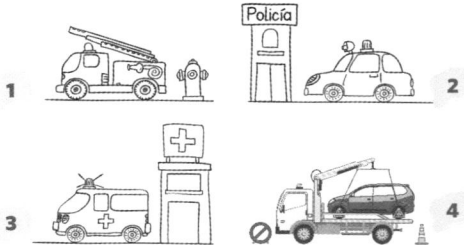

COMPARACIONES

Adjektive und Adverbien werden mit **más / menos ... que** (wörtlich: *mehr / weniger ... als*) oder mit **tan ... como** (*so ... wie*) verglichen. Ergänzen Sie! Die Zeichen + / - / = helfen Ihnen dabei.

1. + El león es .... fuerte .... el conejo.

2. - La tortuga es .... rápida .... el guepardo.

3. = Un delfín es .... inteligente .... un perro.

4. + Madrid está .... lejos de aquí .... Barcelona.

5. - Mi coche va .... rápido .... un coche deportivo.

6. = Hoy hemos trabajado .... bien .... ayer.

UNA LLAMADA DE EMERGENCIA

Autopanne! Wie lauten die Sätze dieses Dialogs?

1. - buenos | de | Carreteras, | días. | Servicio

....

2. - avería. | coche | una | mi | tiene | Oiga,

....

3. necesito | grúa. | una | que | Creo

....

4. - está | bien. | Dígame | Muy | usted. | dónde

....

9 UN MAL AMIGO ★★★

Este era un gato que le había prestado su coche a su amigo el gallo. Este lo dejó mal aparcado y se lo llevó la grúa. Dice el gato: "¡Miaaauuto!" Y responde el gallo: "¿Quiquirisqueaga?"

Es war einmal eine Katze, die ihr Auto ihrem Freund, dem Hahn, ausgeliehen hatte. Dieser hatte es falsch geparkt, und es wurde abgeschleppt. Sagt die Katze: „Mein Auto!" Und der Hahn erwidert: „Was soll ich tun?"

Hier geht es um ein Wortspiel mit Tierlauten: **miau** steckt in **mi auto** (*mein Auto*) und **quiquiriquí** (*Kikeriki*) in **¿Qué quieres que haga?** (*Was soll ich tun?*)

CON PRONOMBRES

Schreiben Sie die Sätze um, indem Sie Pronomen gebrauchen.

1. El gato le prestó su coche al gallo. ....

2. Yo le preparo la comida al niño. ....

3. Ana le va a comprar un perro a su novio. ....

4. El veterinario nos ha explicado las cosas. ....

RUIDOS DE ANIMALES

Wie lauten die Tiergeräusche? Ergänzen Sie.

1. El gato maúlla y dice "...............".
2. El perro ladra y dice "...............".
3. El gallo canta y dice "...............".
4. La rana croa y dice "...............".
5. El caballo relincha y dice "...............".
6. El león ruge y dice "...............".

...... **A** guau guau

...... **B** cuá cuá

...... **C** grrrrr

...... **D** hiiiii

...... **E** miau

...... **F** quiquiriquí

¿MAL O MALO?

Einige Adjektive werden vor einem maskulinen Substantiv im Singular verkürzt; grande auch vor femininen Substantiven. Suchen Sie die richtige Lösung aus!

1. Este ha sido un .... día.
   - ○ **A** gran
   - ○ **B** grande

2. Eduardo es un .... amigo.
   - ○ **A** mal
   - ○ **B** malo

3. Esta ha sido una ....
   experiencia.
   - ○ **A** grande
   - ○ **B** gran

4. No veo ....
   hotel por aquí.
   - ○ **A** ninguno
   - ○ **B** ningún

10 EL HÁBITO DEL LEÓN ✶✶✶

Un cazador le dice a otro: "Si te encuentras con un león, ponte a rezar, y así el león no te hará nada". El cazador se va a la selva y se topa con un león, se pone a rezar y ve que el león también se pone de rodillas y hace lo mismo. "¡Milagro!", exclama. Y el león: "¿Qué milagro? ¡Yo siempre rezo antes de comer!"

Ein Jäger sagt zu einem anderem: „Wenn du einem Löwen begegnest, fang an zu beten, dann tut der Löwe dir nichts." Der Jäger geht in den Dschungel und begegnet einem Löwen, fängt an zu beten und sieht, dass der Löwe sich auch hinkniet und dasselbe tut. „Ein Wunder!", ruft er. Und der Löwe: „Was denn für ein Wunder? Ich bete immer vor dem Essen!"

EXPRESIONES CON "PONERSE"

Ponerse kommt in vielen festen Ausdrücken vor. Verbinden Sie.

1.	ponerse a cantar	**A**	decidir comer menos
2.	ponerse de rodillas	**B**	avergonzarse
3.	ponerse a dieta	**C**	empezar a cantar
4.	ponerse rojo	**D**	arrodillarse

¿QUÉ TIENEN EN COMÚN ESTOS EDIFICIOS?

Finden Sie heraus, was diese Gebäude verbindet, indem Sie deren Namen in den Zeilen ergänzen.

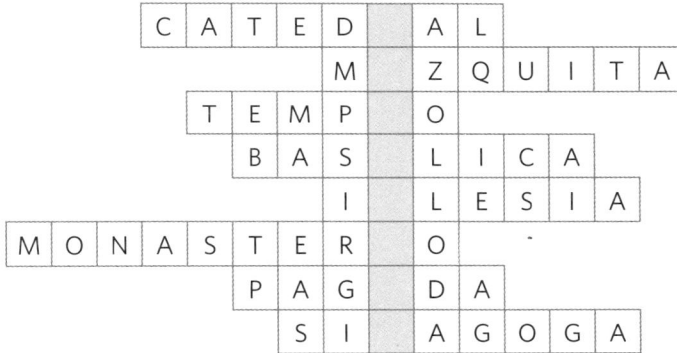

C	A	T	E	D		A	L	
				M		Z	Q	U	I	T	A
	T	E	M	P		O
	B	A	S		L	I	C	A
			I		L	E	S	I	A
M	O	N	A	S	T	E	R		O	-
	P	A	G		D	A
	S	I		A	G	O	G	A

ANTES DE / ANTES DE QUE

"Bevor" + Satz entspricht meistens **antes de** + Infinitiv bei gleichem Subjekt im Haupt- und Nebensatz oder **antes de que** + Subjuntivo bei verschiedenen Subjekten. Setzen Sie die richtige Form des angegebenen Verbs ein.

1. *(comer)* Siempre rezo antes de ....
2. *(comer)* Alba siempre reza antes de que la familia ....
3. *(irse)* Repararé el coche antes de ....
4. *(volver)* No te preocupes, repararé el coche antes de que tú ....

11   ¡IMPOSIBLE!   ★★★

Yo soy un perro lobo, porque mi mamá era una loba y mi papá un perro. ¿Y qué animal eres tú?[1]

¡Pero qué dices! ¡Eso es imposible![3]

Yo soy un oso hormiguero.[2]

1 „Ich bin ein Wolfshund, weil meine Mutter eine Wölfin war und mein Vater ein Hund. Und was für ein Tier bist du? "
2 „Ich bin ein Ameisenbär."
3 „Echt jetzt! Das ist doch unmöglich!"

Im Spanischen gibt es zusammengesetzte Wörter, die aus zwei separaten Elementen bestehen, wie **el oso hormiguero** *(Ameisenbär)*. Zwei weitere Tiernamen dieser Art sind **el gato montés** *(Wildkatze)* und **el perro guía** *(Führhund)*. Andere zusammengesetzte Wörter werden zusammengeschrieben, wie el **mediodía** *(Mittag)*.

26

PALABRAS COMPUESTAS

la telaraña

el matamoscas

Das Wort **ciempiés** besteht aus **cien** *(Hundert)* und **pies** *(Füße)*. Dabei wird das **n** durch ein **m** ersetzt, weil es in der spanischen Rechtschreibung kein **n** vor **b** oder **p** gibt.

el girasol

el ciempiés

ANIMALES PEQUEÑOS

Ordnen Sie jedem Tier seinen Namen zu.

1

2

3

4

5

6

7

8

...... **A** la hormiga

...... **B** el saltamontes

...... **C** el escarabajo

...... **D** la mosca

...... **E** la araña

...... **F** la libélula

...... **G** la mariquita

...... **H** la mariposa

AMOR FRUSTRADO ★

> ¿Cuál es el colmo de un vendedor de frutas?[1]

> No encontrar su media naranja.[2]

[1] „Was ist der Gipfel für einen Obstverkäufer?"
[2] „Seine bessere Hälfte
(wörtlich: „halbe Orange") nicht zu finden."

Colmos sind ein häufig vorkommender spanischer Witzetyp. Sie bestehen aus der Frage, was wohl der „Gipfel" für eine bestimmte Personengruppe oder Sache sei und der Antwort darauf. Die Pointe entsteht durch ein Wortspiel bzw. durch eine Wortbedeutung im übertragenen Sinn. Um sie zu verstehen, muss man „um die Ecke" denken und sich bei Redewendungen gut auskennen.

La media naranja entspricht im Spanischen der sogenannten „besseren Hälfte". Man stellt sich das perfekte Liebespaar als eine ganze Frucht vor, deren Hälften einander ergänzen. Und weshalb ausgerechnet eine Orange? Es waren die Araber, die diese exotische Frucht aus Asien nach Spanien brachten und seither ist sie in Spanien überall präsent. Orangenbäume zieren unzählige Straßen und Plätze.

FRUTAS

Finden Sie 17 Obstsorten im Wortgitter.

S	C	O	C	O	M	P	E	R	A	G
C	E	R	E	Z	A	I	N	E	L	R
S	L	I	M	O	N	Ñ	U	C	B	A
K	I	W	I	Y	Z	A	V	I	A	N
E	F	R	E	S	A	N	A	R	R	A
P	L	A	T	A	N	O	N	U	I	D
V	T	U	G	D	A	S	R	E	C	A
H	V	A	N	D	A	M	E	L	O	N
F	R	A	M	B	U	E	S	A	Q	S
M	E	L	O	C	O	T	O	N	U	I
J	N	A	R	A	N	J	A	V	E	P

¿DÓNDE SE COMPRA(N)...

Wo kaufen Sie was ein? Verbinden Sie.

1.	la fruta? En...	.......A	la verdulería
2.	la carne? En...	.......B	la panadería
3.	la verdura? En...	C	la frutería
4.	el pan? En...	.......D	la pescadería
5.	el pescado y los mariscos? En...	.......E	la carnicería

LÖSUNG
Übung 1: *Waagrecht:* coco, pera, cereza, limón, kiwi, fresa, plátano, melón, frambuesa, melocotón, naranja. *Senkrecht:* manzana, piña, uva, ciruela, albaricoque, granada. Übung 2: 1. C, 2. E, 3. A, 4. B, 5. D.

13 ¿CÓMO SE LLAMA? ★

¿Cuál es el colmo de un electricista?[1]

¡Que su mujer se llame Luz![2]

1 „Was ist der Gipfel für einen Elektriker?"
2 „Dass seine Frau „Licht" heißt!"

Diesen Witz versteht man, wenn man sich mit spanischen Vornamen auskennt. Es gibt viele Namen, die auf den Marienkult nach katholischer Tradition zurückgehen und deren Übersetzung manch einem etwas gewöhnungsbedürftig erscheint. Aber natürlich denkt man bei dem Namen im Alltag nicht mehr an die Übersetzung! Je nach Art oder Ort der Marienerscheinung wird das Mädchen z. B. **María de la Luz** (Maria des Lichtes) oder **María de los Ángeles** (Maria der Engel) getauft. Weil María ein solch häufiger Namen ist, hat man oft nur den zweiten Teil des Namens mit Maria genommen, z. B. **Pilar** (Säule) oder **Montserrat** (der Name eines Berges in Katalonien). Am Erstaunlichsten für Nichtspanier sind traditionelle Mädchennamen wie **Soledad** (Einsamkeit), **Concepción** (Empfängnis) oder **Dolores** (Schmerzen).

VERBOS REFLEXIVOS

Setzen Sie die fehlenden Reflexivpronomen ein.

1. ¿Cómo .... llama el bebé?

2. No .... decidimos por un nombre.

3. ¿ .... acordáis de la Tía Soledad?

4. Tú .... pareces mucho a ella.

5. Bueno, yo creo que ya .... voy.

6. Es que todos los demás .... despiden.

Im Wörterbuch haben reflexive Verben die Endung **-se**. Das entspricht dem Pronomen *sich*. Es wird, der Person entsprechend, mit-konjugiert. Einige Verben, die im Deutschen nicht reflexiv sind, sind es im Spanischen, z. B. **llamarse** *(heißen)*, oder umgekehrt, z. B. **cambiar** *(sich verändern)*.

PROFESIONES

Ordnen Sie jedem Beruf seine Berufsbezeichnung zu.

...... **A** peluquera

...... **B** electricista

...... **C** pintora

...... **D** camarero

...... **E** médico

...... **F** empleado

14 POBRE CALVO ★

¿Cuál es el colmo de un calvo?[1]

¡Que le tomen el pelo![2]

1 „Was ist der Gipfel für einen Mann mit Glatze?"
2 „Dass er übers Ohr gehauen wird!"

Die Redewendung **tomarle el pelo a alguien** heißt wörtlich *jemandem die Haare nehmen* und bedeutet *jemanden betrügen* bzw. *veräppeln*. Aus der Tatsache, dass kahlköpfige Männer ja kaum Haare haben, ergibt sich die Pointe des Witzes.

LA CABEZA

el ojo

el pelo

la nariz

la ceja

la boca

la oreja

la barbilla

el cuello

ASPECTO FÍSICO

Ergänzen Sie mit lleva, tiene oder es (jeweils 1x pro Satz).

1. Pía .... rubia, ... los ojos verdes y .... ropa elegante.
2. José .... tatuajes, ... los ojos azules y .... calvo.
3. Diego .... moreno, ... barba y .... el pelo negro.
4. Inés .... atractiva, ... el pelo castaño y .... unas gafas muy modernas.

Moreno/-a beschreibt die generelle Erscheinung oder die Haut (**piel morena**). Dunkle Haare werden mit **pelo negro, moreno o castaño** *(schwarze oder braune Haare)* beschrieben. Für dunkle Augen verwendet man meistens **ojos negros o marrones** *(schwarze oder braune Augen)*. In Lateinamerika kommt es vor, dass braunhaarige Europäer mit heller Haut als **rubios/-as** *(blond)* beschrieben werden.

OPUESTOS

Wie lautet das entgegengesetzte Wort?
Füllen Sie die Lücken aus.

1. moreno/-a ≠ ....
2. gordo/-a ≠ ....
3. alto/-a ≠ ....
4. guapo/-a ≠ ....
5. mayor ≠ ....

15 CUESTIÓN DE TIEMPO **

¿Cuál es el colmo de un meteorólogo?[1]

No encontrar tiempo para nada.[2]

1 „Was ist der Gipfel für einen Meteorologen?" **2** „Keine Zeit für irgendetwas zu finden."

Ein Meteorologe befasst sich mit **el tiempo** (*dem Wetter*), hier ist **tiempo** jedoch in der Bedeutung *Zeit* zu verstehen.

PARTES DEL DÍA

Ordnen Sie die Reihenfolge und tragen Sie die Zahlen 1-5 ein:

A Es de día, son las nueve de la mañana.

B Oscurece, el sol se pone.

C Amanece y sale el sol.

D Es de noche, se ven las estrellas y la luna.

E Cae la tarde.

¿QUÉ TAL EL TIEMPO?

Wie ist das Wetter gerade? Ordnen Sie zu.

1 2 3

4 5 6

...... **A** Está nevando.

...... **B** Hay una tormenta.

...... **C** Hace frío.

...... **D** Está nublado.

...... **E** Está lloviendo y hace viento.

...... **F** Hace sol.

Das momentane Geschehen wird mit **estar** + Gerundium beschrieben, z. B. **está lloviendo** *(es regnet gerade)*. Das Präsens dagegen beschreibt einen allgemeinen Sachverhalt, z. B. **Aquí llueve mucho** *(Hier regnet es oft)*.

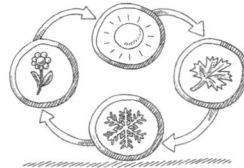

LAS ESTACIONES DEL AÑO

Tragen Sie die Jahreszeiten und Monatsnamen ein!

1. La ....: marzo, ..., ...
2. El ....: ...., ..., ...
3. El ....: ...., ..., ...
4. El ....: ...., ..., ...

NO HAY REMEDIO ★★

¿Cuál es el colmo de una farmacia?[1]

Que la vendan porque no hay más remedio.[2]

1 „Was ist der Gipfel für eine Apotheke?"
2 „Dass sie verkauft wird, weil es kein Heilmittel / keinen anderen Ausweg gibt!"

No hay más remedio heißt wörtlich *es gibt kein weiteres Mittel* und deutet auf eine ausweglose Situation hin. Apotheken sollten jedoch immer **remedios** *(Heilmittel)* vorrätig haben!

la pastilla
Tablette

las gotas
Tropfen

la pomada
Salbe

el jarabe
Sirup/Saft

la inyección
Spritze

DIFERENTES TRADUCCIONES

Das deutsche Wort *kein/e* hat verschiedene Entsprechungen und wird ganz unterschiedlich übersetzt. Schreiben Sie die spanischen Sätze auf!

1. Es gibt keinen Ausweg. ....
2. Wir haben gar kein Problem. ....
3. Kommst du kein einziges Mal? ....
4. Dort war kein Mensch. ....
5. Mach dir keine Sorgen! ....

LA PALABRA INTRUSA

Finden Sie heraus, welches Wort hier nicht passt.

1.	infusión	cerveza	té
2.	estación	infección	inflamación
3.	vitamina	vacuna	luna
4.	analgésico	simpático	antibiótico
5.	masaje	acupuntura	enfermedad
6.	viaje	cura	remedio

Das spanische Wort **infusión** bedeutet *Kräutertee* und bezeichnet keine *Infusion!* Diese heißt **el gota a gota** (wörtlich: *Tropf für Tropf*).

PROBLEMA LABORAL **

¿Cuál es el colmo de una aspiradora?[1]

¡Ser alérgica al polvo![2]

[1] „Was ist der Gipfel für einen Staubsauger?"
[2] „Allergisch gegen Staub zu sein!"

ALERGÉNICOS

Es gibt viele Allergiker/-innen und Menschen, die unter Unverträglichkeiten leiden. Hier verstecken sich elf Allergene! Ordnen Sie sie alphabetisch.

GNUECESDAHUEVOSOGLUTENPEMARISCOSVECACAHUETESQUEPOLENROLIFRESASEJAOPOLVOAINSECTOSOPLECHENISGATOS

Richtige Reihenfolge: ....

....

PARA LIMPIAR NECESITAMOS...

la escoba
Besen

la aspiradora
Staubsauger

el cubo
Eimer

la fregona
Wischmopp

la esponja
Schwamm

el trapo
Lappen

la escobilla
Bürste, Handfeger

el limpiador
Putzmittel

el recogedor
Kehrschaufel

TAREAS DOMÉSTICAS

Bei Haushaltsarbeiten gibt es feste Verb- + Substantiv-Kombinationen. Schreiben Sie eine passende Ergänzung.

1. fregar ....
2. hacer ....
3. poner ....
4. pasar ....
5. tender ....
6. lavar ....

¡QUÉ SUEÑO!

★★

¿Cuál es el colmo de un pastor?[1]

Quedarse dormido contando ovejas.[2]

1 „Was ist der Gipfel für einen Schäfer?"
2 „Beim Schäfchenzählen einzuschlafen".

CANSADO, CANSADO

Ordnen Sie die Reihenfolge: Tragen Sie die Zahlen 1-4 ein:

......**A**   tener sueño

......**B**   soñar

......**C**   dormirse / quedarse dormido/-a

......**D**   estar cansado/-a

> **Estar cansado/-a** und **tener sueño** heißen beide *müde sein*.
> Beim ersten reicht es, sich auszuruhen, der zweite Zustand
> wird nur durch Schlaf gelindert.

El sueño hat drei Bedeutungen: Bei **tengo sueño** bedeutet es *Müdigkeit;* aber **tengo un sueño profundo** bedeutet *ich habe einen tiefen Schlaf* und **he tenido un sueño** *ich habe einen Traum gehabt.* Normalerweise ist es vom Kontext her klar, was gemeint ist.

¿QUÉ ESTÁ PASANDO?

Vervollständigen Sie die Sätze mit dem Gerundio.

1. La oveja está *(saltar)* .... la cerca.

2. Raúl está *(dormir)* .... en la oficina.

3. Juan está *(vender)* .... helados en el parque.

4. Elisa está *(esquiar)* .... en la montaña.

LÖSUNG
Übung 1: 1. D, **2.** A, **3.** C, **4.** B. **Übung 2: 1.** saltando, **2.** durmiendo, **3.** vendiendo, **4.** esquiando.

19 DUDAS CRIMINALES ★★★

> ¿Cuál es el colmo de un policía?[1]

> Ser asaltado por las dudas.[2]

1 „Was ist der Gipfel für einen Polizisten?"
2 „Von Zweifeln ergriffen zu werden."

Die Pointe des Witzes besteht darin, dass man im Spanischen von Zweifeln wörtlich *überfallen* wird.

Das Passiv wird vor allem in der Schriftsprache (z. B. in den Nachrichten) verwendet. Der Urheber einer Handlung wird mit **por** angegeben.

LA VOZ PASIVA

Verwandeln Sie diese Sätze ins Passiv.

1. La policía llevó al criminal a la cárcel.   ....

2. Los periódicos publicaron la noticia.   ....

3. Un arquitecto famoso construyó ese edificio.   ....

DUDANDO O NO

Verbinden Sie folgende Ausdrücke mit der Übersetzung.

1.	no cabe duda	...... **A**	Zweifel ausräumen
2.	poner en duda	...... **B**	es besteht keinen Zweifel
3.	sacar de dudas a alguien	...... **C**	sicherlich, zweifellos
4.	sin duda alguna	...... **D**	hinterfragen

VERBOS DE CREENCIA CON SUBJUNTIVO

Nur wenn ein Verb des Glaubens oder Wahrnehmens verneint oder etwas infrage gestellt wird, folgt der Subjuntivo. Wählen Sie die richtige Form aus!

1. Creo que a veces todos
.... dudas.
○ **A** tenemos
○ **B** tengamos

2. No es verdad que a un
policía no .... asaltarlo.
○ **A** pueden
○ **B** puedan

3. Dudo que .... mañana,
podemos hacer un picnic.
○ **A** llueve
○ **B** llueva

4. ¡Hija, no veo que
.... mucho!
Ponte a trabajar.
○ **A** estudias
○ **B** estudies

CIRUJANO INEPTO ★★★

> ¿Cuál es el colmo de un cirujano?[1]

> No saber hacer operaciones bancarias.[2]

1 „Was ist der Gipfel für einen Chirurgen?"
2 „Nicht zu wissen, wie man Bankgeschäfte macht."

Operación bedeutet nicht nur *Operation*, sondern auch *Geschäft* bzw. *Tätigkeit*.

EN EL BANCO

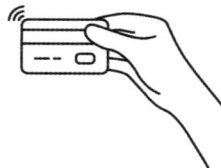

la tarjeta de crédito
Kreditkarte

el cajero automático
Bankautomat

el préstamo
Darlehen

la transferencia
Überweisung

la cuenta de ahorros
Sparkonto

los intereses
Zinsen

VERBOS DE DINERO

Finden Sie elf Infinitive, die mit Geld zu tun haben.

D	C	O	B	R	A	R	E	R	P	G
E	E	D	E	Z	H	I	G	E	A	R
V	L	I	M	O	O	Ñ	A	C	G	A
O	I	N	I	P	R	E	S	T	A	R
L	F	V	E	S	R	N	T	R	R	A
V	L	E	T	A	A	O	A	U	I	D
E	T	R	G	D	R	S	R	E	C	A
R	E	T	I	R	A	R	E	L	O	N
F	R	I	N	G	R	E	S	A	R	S
M	E	R	O	C	A	M	B	I	A	R
G	A	N	A	R	N	J	A	V	E	P

FRASES EN EL BANCO

Was für ein Durcheinander! Wie lauten die Sätze auf der Bank tatsächlich?

1. una | Quería | corriente. | abrir | cuenta

   ....

2. necesito | no | cajero | funciona, | mi | El | saldo. | automático | saber

   ....

3. ahorros. | depositar | cuenta | Quisiera | de | dinero | mi | en

   ....

21 NIÑO TALENTOSO ★

Van dos amigos y uno dice, muy orgulloso:

> ¿Sabes que mi hermano anda en bicicleta desde los cuatro años?[1]

El otro se queda pensando.
Luego responde:

Gehen zwei Freunde spazieren und der eine sagt zum anderen, voller Stolz: **1** „Weißt du, dass mein Bruder Rad fährt seit er vier Jahre alt ist?" Der andere denkt nach. Dann erwidert er: **2** „Sicherlich ist er schon ganz weit gekommen (wörtlich: schon ganz weit weg), oder?"

> Seguro ya está muy lejos, ¿no?[2]

LA FAMILIA

Wie heißen diese Familienmitglieder auf Spanisch? Übersetzen Sie:

1. die Eltern ....

2. der Vater ....

3. die Mutter ....

4. die Kinder ....

5. der Sohn ....

6. die Tochter ....

7. die Geschwister ....

8. der Bruder ....

9. die Schwester ....

10. die Großeltern ....

11. der Opa ....

12. die Oma ....

Niños verwendet man für *Kinder* in Abgrenzung zu **adultos** (*Erwachsenen*).

¿SER O ESTAR?

Mit **ser** werden Sachen und Personen definiert. **Estar** wird für Ortsangaben, veränderbare Zustände und Eigenschaften verwendet. Was ist hier die richtige Lösung?

1. Ana y Marc .... hermanos.
○ **A** son
○ **B** están

2. .... los hijos de Carlos y Luisa.
○ **A** Son
○ **B** Están

3. Ahora .... de vacaciones.
○ **A** son
○ **B** están

4. Su hotel .... cerca de la playa.
○ **A** es
○ **B** está

¿DÓNDE ESTÁN?

De + el > del

Ergänzen Sie mit **al lado del, en, encima de, delante de** und **lejos del.**

1. La familia está .... la casa.
2. El perrito está .... padre.
3. El gato está .... perrito.
4. El gallo está .... la casa.
5. Los niños están ....
el centro del dibujo.

22 MARIDO FILOSÓFICO ★

Le dice la mujer al marido: "Cariño, voy al supermercado. ¿Necesitas algo?" "Oh, sí," responde él, "necesito darle sentido a mi vida..."
Dice ella, algo perpleja: "¿Puedes ser más específico?"
Y él, sin dudar ni un segundo: "Bueno, tráeme una pizza de salami y un paquete de seis cervezas".

Sagt die Frau zum Ehemann: „Liebling, ich gehe zum Supermarkt. Brauchst du etwas?" „Oh, ja", erwidert er, „ich muss meinem Leben einen Sinn geben." Sagt sie, etwas verdutzt: „Kannst du etwas konkreter sein?" Und er, ohne eine Sekunde zu zögern: „Gut, bring mir eine Salamipizza und einen Sechserpack Bier."

MÁS PARIENTES

Wie lauten die Verwandtschaftsbeziehungen? Ordnen Sie zu.

1. el marido
2. la mujer
3. el tío
4. la tía
5. el sobrino
6. el primo
7. el cuñado
8. el nieto

...... **A** Tante
...... **B** Ehemann
...... **C** Enkel
...... **D** Onkel
...... **E** Cousin
...... **F** Schwager
...... **G** Ehefrau
...... **H** Neffe

EN EL SUPERMERCADO

la botella
Flasche

la bolsa
Tüte

la caja
Schachtel/Kasten

la barra
Stange / Tafel

el paquete
Paket

la lata
Dose

el trozo
Stück

el cartón
Karton

Für die nähere Bestimmung, z. B. des Inhalts oder eines Bestand-teils eines Nahrungsmittels, verwendet man die Präposition **de**, z. B. **un trozo de queso** (*ein Stück Käse*), **una botella de vino** (*eine Flasche Wein*).

LA LISTA DE LA COMPRA

Vervollständigen Sie den Einkaufszettel. Verbinden Sie!

1.	una lata de	.... **A**	vinagre
2.	un paquete de	.... **B**	galletas
3.	una barra de	.... **C**	sardinas
4.	una caja de	.... **D**	chocolate
5.	una botella de	.... **E**	café

LA ABUELA, ¿SORDA? ★

El médico le pregunta a Doña Carmen: "¿Qué tal el nuevo aparato de sordera?" "Bien, ¡ahora oigo estupendamente!" "Y su familia, ¿qué opina?" "Pues no les he dicho nada, ¡pero he cambiado el testamento varias veces!"

Der Arzt fragt Doña Carmen: „Wie ist das neue Hörgerät?" „Gut, jetzt höre ich ausgezeichnet!" „Und was meint Ihre Familie dazu?" „Nun, ich habe ihnen nichts gesagt, aber mein Testament schon mehrmals geändert!"

Die Anrede **don** bzw. **doña** + Vornamen verwendet man vor allem bei älteren Personen, mit denen man einen familiären Umgang pflegt aber Respekt bezeugen möchte.

LOS TRES MONITOS

Schreiben Sie das Präsens der Verben hinzu: **oír, hablar, ver.**

1

Este mono no
......................, está sordo.

2

Este mono no
......................, está mudo.

3

Este mono no
......................, está ciego.

EL PARTICIPIO PERFECTO IRREGULAR

Das Perfekt wird mit dem Präsens von **haber** + Partizip Perfekt gebildet. Finden Sie im Gitter die unregelmäßigen Partizipien dieser Verben und schreiben Sie sie auf.

1. decir
2. hacer
3. poner
4. abrir
5. escribir
6. ver
7. volver
8. romper

V	I	S	T	O	N	P	H
U	D	Q	A	J	E	U	E
E	F	I	S	U	S	E	C
L	S	C	D	R	C	S	H
T	A	B	I	E	R	T	O
O	H	E	C	H	I	O	Ñ
G	L	O	H	S	T	M	A
R	O	T	O	E	O	A	N

1. ...., 2. ...., 3. ....,
4. ...., 5. ...., 6. ....,
7. ...., 8. ....

FIESTA DE FAMILIA

Ergänzen Sie diese Sätze mit dem Perfekt dieser Verben:
1. **hacer**, 2. **venir, hablar**, 3. **escuchar, decir, gustar, cambiar.**

1. Doña Carmen .... una fiesta para sus parientes.
2. Todos ...., pero .... mal de ella.
3. La abuela .... lo que (*ellos*) ...., ¡y no le .... nada! Por eso .... su testamento.

Hijo, tú que estudiaste odontología...[1]

Sí, mamá, ¿qué quieres?[2]

Ayúdame en la cocina y pélame dos dientes de ajo.[3]

1 „Sohnemann, da du Zahnmedizin studiert hast ...“
2 „Ja, Mama, was möchtest du?“
3 „Hilf mir in der Küche und schäle zwei Knoblauchzehen
(wörtlich: *Knoblauchzähne*) für mich.“

Knoblauchknolle heißt auf Spanisch **cabeza de ajo**
(wörtlich: *Knoblauchkopf*), die einzelnen Teile davon **dientes**
(wörtlich: *Zähne*): Aus dem Wortspiel ergibt sich die Pointe.

VERBOS PARA COCINAR

Beim Kochen müssen Sie vieles tun. Ordnen Sie zu.

1   **2**   **3**   **4**   **5**   **6**

...... **A** rallar

...... **B** batir

...... **C** pelar

...... **D** mezclar

...... **E** cortar

...... **F** exprimir

INDEFINIDO REGULAR...

Schreiben Sie die entsprechende Person des Indefinido auf.

1. empezáis ....

2. vendo ....

3. cocina

4. viajan ....

5. discutes ....

6. terminamos ....

... E IRREGULAR

Horizontal:
1. decir (yo)
4. hacer (ella)
6. traer (usted)
8. ir/ser (ella)
9. poder (yo)
12. ver (él)
13. hacer (ellos)
14. venir (nosotros)

15. poner (vosotros)

Vertical:
2. estar (nosotros)
3. dar (él)
5. querer (nosotros)
7. decir (usted)
10. venir (ella)
11. tener (yo)

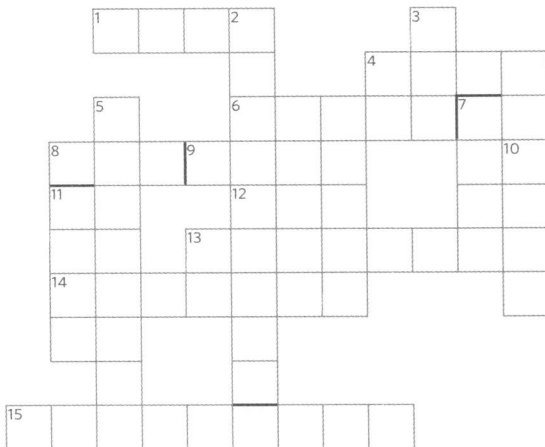

LOCA DE AMOR

★★
★★

Mamá, ¡estoy embarazada![1]

Pero hija, ¿dónde tenías la cabeza?[2]

Pues... creo que entre el volante y el asiento.[3]

1 „Mama, ich bin schwanger!?"
2 „Aber Kind, wo warst du mit deinem Kopf?
(wörtlich: *wo hattest du den Kopf*)"
3 „Nun, ich glaube zwischen dem Lenkrad und dem Sitz."

Die Redewendung **no sé dónde tengo la cabeza** entspricht *ich weiß nicht, wo mir der Kopf steht.* Ohne Kopf kann man ja nicht denken, und das passiert bekanntlich, wenn man verliebt ist.

DENTRO DEL COCHE

el volante

el parabrisas

el (pedal del) freno

el (pedal del) acelerador

la palanca de cambio

el asiento

Bei Schwangerschaft und Geburt gibt es interessante Unterschiede zwischen den Sprachen. *Schwanger sein* heißt **estar en estado / esperando (un hijo)** oder **estar embarazada**. (Das Verb *expectar gibt es nicht!) Wird ein Kind geboren, beschreibt das die deutsche Sprache vom Standpunkt der Mutter. Im Spanischen ist das Kind das Subjekt des aktiven Verbs **nacer** *(geboren werden)*! Und was macht die Mutter? **Da a luz** *(sie gebärt,* wörtlich: *sie gibt dem Kind das Licht),* und die Eltern **(los padres) tienen un hijo** (bekommen [wörtlich: *haben] ein Kind*). **Parir** *(gebären)* wird nur im medizinischen Sinne verwendet. Die *Entbindung* ist **el parto** und *die Geburt* **el nacimiento.**

FALSOS AMIGOS

Die Wörter in der dritten Spalte werden oft falsch verstanden. Was ist die richtige Bedeutung?

		Übersetzung	bedeutet	
1.	*verschämt*	**avergonzado/-a**	**embarazada**	....
2.	*Eltern*	**los padres**	**los parientes**	....
3.	*mein älterer Bruder*	**mi hermano mayor**	**mi hermano mejor**	....
4.	*Datum*	**la fecha**	**el dato**	

LÖSUNG
Übung 1: 1. schwanger, 2. die Verwandten, 3. mein besserer Bruder, 4. die Angabe.

55

26 CUANDO SEA GRANDE ★★★

Papá, cuando sea grande, quiero ser como tú.[1]

¿Y por qué?[2]

¡Para tener un hijo como yo![3]

1 „Papa, wenn ich groß bin, möchte ich so sein wie du."
2 „Und warum?"
3 „Damit ich so einen Sohn habe wie mich!"

27 MADRE EXAGERADA ★★★

Hija, ¡te he dicho por lo menos un millón quinientas mil veces que no seas exagerada!

„Meine Tochter, ich habe dir mindestens eine Million fünfhunderttausend Mal gesagt, dass du nicht übertreiben sollst!"

LA PALABRA INTRUSA

Finden Sie heraus, welche Form kein Subjuntivo ist.

1. exageras   estudies   decidas
2. piense   vuelve   entienda
3. hagamos   pagamos   pongamos
4. vayáis   seáis   trabajáis
5. lleguen   hacen   empiecen
6. limpia   pida   repita

PRESENTE DE SUBJUNTIVO

Setzen Sie diese Verben im **Subjuntivo** Präsens in die Sätze ein:
descansar, llegar, ser, venir.

1. Muchos niños dicen que, cuando .... grandes, quieren ser como sus padres.
2. Abuela, el médico te ha dicho que .... más.
3. Quiero que todos mis primos .... a mi fiesta de cumpleaños.
4. Me quedaré aquí esperando hasta que .... mi tía.

> Jemand, der dazu neigt ständig zu übertreiben (**exagerar**), wird als **exagerado/-a** (*übertrieben*) bezeichnet.

28 PRIMER DÍA DE CLASE ★

Jaimito, ¿has aprendido mucho hoy en la escuela?[1]

No... ¡Tengo que volver mañana![1]

1 „Jaimito, hast du heute in der Schule viel gelernt?"
2 „Nein ... Ich muss morgen wieder hin!"

29 PALABRAS Y LETRAS ★

Niños, vamos a hablar de palabras con la misma letra repetida varias veces. Por ejemplo, "palabra" tiene tres veces la letra a. A ver, Jaimito, ¿qué palabra tiene tres veces la o?[1]

¡Goool![2]

1 „Kinder, wir werden über Wörter mit den gleichen mehrmals vorkommenden Buchstaben sprechen. Zum Beispiel: „palabra" (Wort) hat drei Mal den Buchstaben **a**. Jaimito, welches Wort hat drei Mal das **o**?"
2 „Tooor!"

¿QUÉ HACEN LOS ALUMNOS EN LA ESCUELA?

Finden Sie heraus, was die Schüler/-innen letztendlich in der Schule tun sollen. Ergänzen Sie die Verben in den Zeilen!

C	A	L	C	U	L		R			
				E	X		L	I	C	A	R
E	S	C	R	I	B	I				
				L	E		R			
				A		A	L	I	Z	A	R
						I	B	U	J	A	R
		R	E	P		T	I	R		
	E	X	P	E		I	M	E	N	T	A	R

EN CLASE

el libro

el rotulador

la pizarra

la maestra /
la profesora

el cuaderno

LA NOVIA IDEAL

Llega Jaimito y dice: "Papá, ya sé con quién quiero casarme:
¡Con mi abuela! Ella me quiere, yo la quiero,
¡y es la mejor cocinera del mundo!"
"Pero hay un problema", responde el padre,
"no puedes casarte con ella porque es mi mamá".
Protesta Jaimito: "¿Y por qué no? ¡Tú estás casado
con la mía!"

Kommt Jaimito nach Hause und sagt:
„Papa, ich weiß schon,
wen ich heiraten möchte: Meine Oma!
Sie liebt mich, ich liebe sie, und
sie ist die beste Köchin der Welt!"
„Aber es gibt ein Problem", erwidert der Vater,
„du kannst sie nicht heiraten,
weil sie meine Mama ist."
Jaimito kontert: „Und warum nicht?
Du bist doch (auch) mit meiner
verheiratet!"

Achtung, nach **casarse** *(heiraten)* verwendet man
die Präposition **con** (nicht **a**).

UNA BODA

Was gehört zu einer Hochzeit? Ordnen Sie zu.

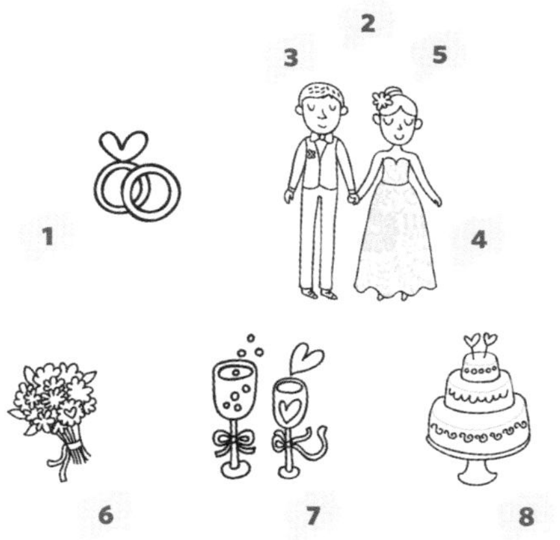

......**A** los novios

......**B** el vestido blanco

......**C** la novia

......**D** el ramo de flores

......**E** el novio

......**F** los anillos

......**G** la tarta

......**H** el brindis

CON PRONOMBRES

Schreiben Sie die Sätze um, indem Sie die Objektpronomen la, lo, los anstelle der fettgedruckten Wörter gebrauchen.

1. Jaimito quiere mucho **a su abuela**.

....

2. ¿Dónde habéis comprado **este vestido**?

....

3. Mañana quiero invitar **a mis amigos**.

....

LÖSUNG

Übung 1: 1. F, **2.** A, **3.** E **4.** B, **5.** C, **6.** D, **7.** H, **8.** G. **Übung 2: 1.** Jaimito la quiere mucho. **2.** ¿Dónde lo habéis comprado? **3.** Mañana quiero invitarlos / Mañana los quiero invitar.

31 TELEPATÍA ★★

Jaimito, define "telepatía".[1]

Aparato de televisión para la hermana de mi mamá?[2]

1 „Jaimito, definiere 'Telepathie'."
2 „Fernsehapparat für die Schwester meiner Mutter."

In der Umgangssprache werden viele Wörter verkürzt, z. B.
porfa = **por favor** *(bitte)*, **tele(visión)** *(Fernseher)* und **pa(ra)**
(für)! Also interpretiert Jaimito **telepatía** als **televisión para tía**.

PALABRAS INCOMPLETAS

Schreiben Sie die ganzen Wörter in die Tabelle.

¡Tranqui! (ugs.) =
Bleib ruhig/cool.

1.	el cole	**5.**	el súper
2.	el/la profe	**6.**	la peli
3.	la uni	**7.**	la bici
4.	el/la peque	**8.**	tranqui

LA TELE

Was bietet das Fernsehprogramm? Finden Sie im Wortgitter 15 Möglichkeiten heraus.

T	I	N	F	O	R	M	A	T	I	V	O	Q	T
E	S	D	O	C	U	M	E	N	T	A	L	D	G
L	E	C	M	A	G	A	Z	I	N	E	R	I	T
E	R	D	E	P	O	R	T	I	V	O	E	C	E
D	I	H	D	P	A	O	R	F	C	B	P	O	R
I	E	D	E	B	A	T	E	A	O	X	O	N	T
A	P	E	L	Í	C	U	L	A	M	J	R	C	U
R	E	A	L	I	T	Y	F	Y	E	Q	T	U	L
I	U	M	U	S	I	C	A	L	D	N	A	R	I
O	J	A	L	B	V	I	N	D	I	A	J	S	A
T	E	L	E	N	O	V	E	L	A	K	E	O	D

¿POR O PARA?

Setzen Sie die richtige Präposition ein. Por oder para?

1. Necesito un regalo .... mi tía, porque es su cumpleaños.
2. Quiero algo bonito, pero no .... mucho dinero.
3. Perdone, el camino a la playa, ¿es .... aquí?
4. Estudiamos mucho .... hablar bien español.
5. Trabajo .... una empresa local muy pequeña.
6. Gracias .... todo, ha sido una noche maravillosa.

Llega Jaimito muy orgulloso a casa y le dice a su madre:
"Mamá, hoy en la clase la profe hizo una pregunta, ¡y yo fui el único que levantó la mano!"
"¡Muy bien, hijito! Eres un chico listo, ¡lo sabía! ¿Y qué fue lo que preguntó?"
"¿Quién no ha hecho la tarea?"

Kommt Jaimito stolz nach Hause und sagt zu seiner Mutter: „Mama, heute im Unterricht hat die Lehrerin eine Frage gestellt, und ich war der einzige, der sich gemeldet hat!" „Sehr schön, mein Söhnchen, du bist ein schlaues Kind, das wusste ich doch! Und was hat sie denn gefragt?" „Wer hat die Hausaufgaben nicht gemacht?"

Tarea bedeutet generell Aufgabe. Für schulische Hausaufgaben verwendet man in Spanien auch das Wort **los deberes** (wörtlich: *die Pflichten*).

ÚTILES ESCOLARES

Wie heißen die Schulsachen? Ordnen Sie die Buchstaben.

1. **OIMHACL** ....
2. **GOLAOBÍRF** ....
3. **GRALE**

5. **AJISERT** ....
6. **ZILÁP** ....
7. **UTEHECS** ....

1

2

3

4

5

6

ADJETIVOS QUE CAMBIAN DE SIGNIFICADO

Ser oder **estar**? Einige Adjektive ändern ihre Bedeutung. Ergänzen Sie die richtige Verbform von **ser** oder **estar**.

1. Siempre sabes las respuestas. ¡............. muy lista, Elenita!

2. ¿Todavía no .... lista? ¿Cuánto tiempo necesitas?

3. Ángel es muy buen alumno porque siempre .... atento en la clase.

4. Todos debemos .... atentos y amables con los demás.

¡QUÉ ME IMPORTA! ★★

> A ver, Jaimito, ¿cuál es la diferencia entre la ignorancia y la indiferencia?[1]

> No lo sé, pero no me importa tampoco.[2]

1 „Mal sehen, Jaimito, was ist der Unterschied zwischen Unwissenheit und Gleichgültigkeit?"
2 „Ich weiß es nicht, aber es ist mir auch egal."

Grundsätzlich steht bei der Verneinung **no** (nicht) vor dem Verb. Zusätzlich hat man im Spanischen häufig weitere Verneinungselemente hinter dem Verb, z. B. **No me importa tampoco** (wörtlich: Es ist mir nicht auch nicht egal) mit der Bedeutung: Es ist mir auch egal.

ELEMENTOS NEGATIVOS

Welche Verneinungselemente verstecken sich in der Wortschlange?

NINGÚNNADIENADATAMPOCONINUNCANINGUNATODAVÍANOYANOJAMÁSAPENASSINNINGUNO

ADJETIVOS OPUESTOS

Verbinden Sie die gegensätzlichen Adjektive miteinander.

Das *Faultier* heißt **perezoso**, weil es die meiste Zeit schläft. So nennt man auch faule Menschen.

1.	ignorante	.... **A**	interesado/-a
2.	indiferente	.... **B**	igual
3.	perezoso/-a	.... **C**	culto/-a
4.	cuidadoso/-a	.... **D**	trabajador/a
5.	travieso/-a	.... **E**	descuidado/-a
6.	diferente	.... **F**	obediente

TRADUCIR FRASES NEGATIVAS

Achten Sie auf die Unterschiede: Schreiben Sie die spanischen Sätze auf!

1. *Du gehst nicht und ich auch nicht.* ....

....

2. *Hier ist nie jemand.* ....

....

3. *Sag auf keinem Fall etwas.* ....

....

4. *Ich sehe nirgends jemanden.* ....

....

¡CÓMO CREE!

★★

Llega Jaimito a una tienda y pide unas gafas.
Le pregunta el vendedor:

Responde Jaimito:

¿Para sol?[1]

No, ¡cómo cree! Para mí.[2]

Kommt Jaimito in einen Laden
und verlangt nach einer Brille.
Da fragt ihn der Verkäufer:
1 „Eine Sonnenbrille (wörtlich: *Für die Sonne*)?"
Da antwortet Jaimito:
2 „Nein, was glauben Sie! Für mich."

Para gibt u. a. den
Verwendungszweck
an, z. B. **gafas para
sol** (*Sonnenbrille*).

ACCESORIOS

el bolso
Tasche

las gafas
Brille

el monedero
Geldbeutel

la gorra
Schirmmütze

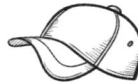

el cinturón
Gürtel

el reloj
Uhr

VERBOS IRREGULARES EN PRESENTE

Setzen Sie die richtige Form des angegebenen Verbs ein.

1. *(jugar, poner, poner)* Diana, ¿............... conmigo? Yo ....
una carta y luego tú .... la siguiente.

2. *(querer, saber, costar)* Los niños .... tener un perrito,
pero yo .... que .... mucho trabajo cuidarlo.

3. *(elegir, pedir)* Usted .... un producto y lo .... en línea.

4. *(hacer, poder)* ¿Qué .... (yo)? Sin dinero no .... hacer
muchas cosas.

5. *(preferir, ir)* Para las próximas vacaciones, ¿............ (vosotros)
el mar o la montaña? Yo .... a pasar el verano en la playa.

PRONOMBRES CON PREPOSICIÓN

Wortsalat! Wie lauten die folgenden Sätze?

1. no | estás | te | conmigo, | ¿Por | he |
yo | nada? | qué | si | enfadado | hecho

....

2. porque | estoy | de | no | ti. | ves | mí, |
detrás | Tú | me | a

....

3. para | para | chocolates | no | Estos |
son | mí. | vosotros, | son

....

Mir bzw. *dir* heißen im Spanischen nach den meisten Präpositionen **mí** bzw. **ti**, aber bei **con** sagt man **conmigo** bzw. **contigo**. Für die weiteren Personen verwendet man die Subjektpronomen (**él, ella, usted, nosotros/-as** usw.

35 DINAMITA

Hoy hemos aprendido a hacer dinamita en la escuela.[1]

BOOM

¡Vaya por Dios! ¿Y mañana?[2]

Mañana no habrá escuela...[3]

1 „Heute haben wir in der Schule gelernt, wie man Dynamit macht."
2 „Ach du lieber Himmel! Und morgen?" **3** „Morgen gibt es keine Schule mehr ..."

LA EXPRESIÓN INTRUSA

Finden Sie heraus, welche Form nicht zu den anderen passt.

Kurze Einwürfe oder Kommentare wie hier in der Übung signalisieren dem Gegenüber, dass man aktiv zuhört.

1.	¡Vaya por Dios!	¡Santo cielo!	¡Gracias a Dios!
2.	¿En serio?	¡Ojalá!	¡No me digas!
3.	¡Qué rollo!	¡Qué guay!	¡Fantástico!
4.	¡Fuera!	¡Anda!	¡Venga!
5.	Desde luego.	Cómo no.	Mejor después.
6.	¡Vaya si no!	¡Menos mal!	¡Y tanto!

IMITANDO RUIDOS

**In einer lebendigen Umgangssprache ist Lautmalerei sehr häufig.
Verbinden Sie die „Geräusche" mit ihrem Ursprung.**

1. una explosión
2. risa
3. dolor
4. un golpe
5. asco
6. besos
7. acción de comer
8. un estornudo

...... **A** ¡Zas!

...... **B** ¡Buaj!

...... **C** ¡Ja, ja, ja!

...... **D** ¡Ay!

...... **E** ¡Ñam, ñam!

...... **F** ¡Muac, muac!

...... **G** ¡Achís!

...... **H** ¡Boom!

EL FUTURO

**Setzen Sie diese Verben ins Futur:
alegrarse, decir, haber, tener, venir.**

1. Mañana no .... clases, ¡qué bien!
2. Todos nosotros .... todo el día para descansar.
3. Los profesores no .... porque tienen un seminario.
4. Cuando llegue a casa, se lo .... a mis padres.
5. Creo que ellos también .... mucho.

36 LA BUENA VIDA ★★★

Los niños tenían que escribir una composición con el tema
"Qué haría si fuera millonario", y Jaimito no escribe nada.
Cuando el profe le pregunta por qué no ha hecho nada,
responde:

Porque, si fuera millonario, ¡me daría la
buena vida en la playa y, precisamente,
no haría nada en todo el día!

Die Kinder sollten einen Aufsatz schreiben
mit dem Thema: „Was ich tun würde, wenn
ich Millionär wäre", und Jaimito
schreibt nichts. Als der Lehrer ihn fragt,
warum er nichts getan hat, antwortet er:
„Weil ich, wenn ich Millionär wäre,
in Saus und Braus am Strand leben
(wörtlich: *mir das gute Leben gönnen*)
und den ganzen Tag rein gar nichts tun würde!"

EN LA PLAYA

la sombrilla

la palmera

el barco de vela

el mar

la arena

la tumbona

¿QUÉ NO TIENE SIEMPRE UN MILLONARIO?

Ein Millionär kann vieles haben, aber nicht alles. Was kann ihm fehlen? Ergänzen Sie die Wörter und finden Sie es heraus.

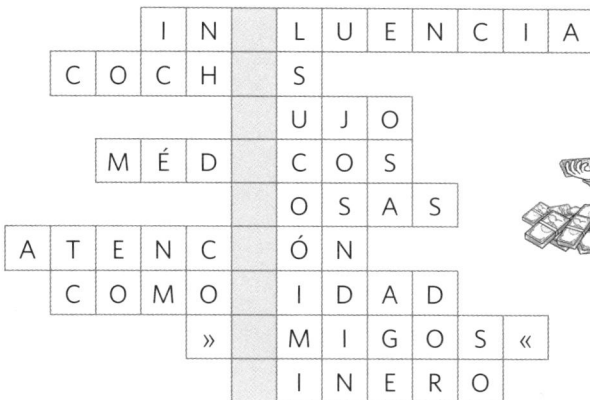

	I	N		L	U	E	N	C	I	A
C	O	C	H		S					
				U	J	O				
	M	É	D		C	O	S			
				O	S	A	S			
A	T	E	N	C		Ó	N			
C	O	M	O		I	D	A	D		
			»	M	I	G	O	S	«	
				I	N	E	R	O		

SI FUERA MILLONARIO...

**Setzen Sie die Verben in der richtigen Form ein: 1. ser, tener,
2. tener, hacer, 3. hacer, estar, 4. estar, dormir, 5. dormir, poder.**

1. Si .... millonario, ... una casa en la playa.

2. Si .... una casa en la playa, ... muchas fiestas.

3. Si .... muchas fiestas, ... muy cansado.

4. Si .... muy cansado, ... todo el día.

5. Si .... todo el día, igual me .... quedar aquí.

Im potenziellen Konditionalsatz steht im **Si**-Satz
(= die Bedingung) **Subjuntivo** Imperfekt und im
Hauptsatz (= die Folge) der Konditional.

37   ¿QUÉ HORA TIENES? ★

¿Qué hora tienes?[1]

Las diez menos diez.[2]

Pobre, ¡entonces no tienes nada![3]

1 „Wie spät hast du's? (wörtlich: *welche Uhrzeit hast du?*)"
2 „Zehn vor zehn (wörtlich: *Zehn minus zehn*).
3 „Du Arme/r, dann hast du ja nichts!"

38   RELOJ ADELANTADO ★

Van dos amigos por la calle y uno exclama:

Mira, ¡un reloj![1]

Dice el otro:

Sí, es mío. ¡A veces se me adelanta![2]

RING ♪ ♪ ♪

Gehen zwei Freunde auf der Straße und der eine ruft:
1 „Schau mal, eine Uhr!" Sagt der andere:
2 „Ja, das ist meine. Manchmal geht sie vor!"

LA HORA

Man zählt normalerweise zwei Mal bis zwölf und fügt wahlweise **de la mañana** (*vormittags*), **de la tarde** (*nachmittags/abends*) oder **de la noche** (*abends/nachts*) hinzu.

(en punto)

menos diez   y diez

menos cuarto   y cuarto

menos veinticinco   y veinticinco

y media

¿QUÉ HORA ES?

Wie viel Uhr ist es?
Schreiben Sie die Sätze auf.

Nur bei *ein Uhr* steht das Verb im Singular, ansonsten im Plural: **Es la una / Son las dos.** (*Es ist ein Uhr / zwei Uhr*).

1. 09.45 ....

2. 13.00 ....

3. 06.30 ....

4. 23.20 ....

¿Su apellido?[1]

Aqui-no.[2]

Bueno, vamos ahí y me lo dice. ¿Su apellido?[3]

¡Aqui-no![4]

Mierda, pues entonces, ¿dónde?[5]

1 „Ihr Nachname?" **2** „Aqui-no / Hier nicht." **3** „Gut, gehen wir dorthin und Sie sagen es mir. Ihr Nachname?" **4** „¡Aqui-no / Hier nicht!" **5** „Scheiße, wo denn dann?"

Spanische Nachnamen haben ihren Ursprung oft in Ortsnamen; so auch **Aquino** (eine Region in Italien), weitere stammen von Eigennamen wie **García** (übrigens der verbreitetste spanische Nachname). Die Endung **-ez** bedeutet Sohn von, so war ursprünglich **Martínez** der Sohn von **Martín**. Zudem ergaben – wie im Deutschen auch – Berufe oder Aussehen ebenso Nachnamen, z. B. **Molinero** (Müller), **Herrero** (Schmied); **Moreno** (braun) oder **Calvo** (kahlköpfig). In spanischsprachigen Ländern trägt man in offiziellen Dokumenten sowohl den Nachnamen des Vaters **(apellido paterno)** als auch den der Mutter **(apellido materno)** ein. Für die Anrede reicht meistens der erste Nachname.

AQUÍ, AHÍ Y ALLÍ

Nähe drückt man durch Ortsadverbien und Demonstrativpronomen aus. Welche gehören zusammen?

1.	este/-a de	.... A	allí/allá
2.	ese/-a de	.... B	ahí
3.	aquel/aquella de	 C	aquí

Die „Entfernungen" von **aquí**, **allí** und **ahí** entsprechen in etwa den grammatischen Personen: **aquí conmigo** *(hier bei mir)*, **ahí contigo** *(da bei dir)*, **allí/allá con él/ella** *(dort bei ihm/ihr).*

EL DOCUMENTO DE IDENTIDAD

el apellido
Nachname

el nombre
(Vor)name

el domicilio
Wohnort

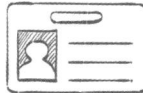

el lugar de nacimiento
Geburtsort

la fecha de nacimiento
Geburtsdatum

la nacionalidad
Staatsangehörigkeit

el estado civil
Familienstand

> Señores pasajeros, les comunicamos que su avión viene de-morado.[1]

> ¡Qué lindo, es mi color favorito![2]

1 „Sehr geehrte Fluggäste, wir teilen Ihnen mit, dass Ihr Flugzeug sich verspätet/in dunkelviolett kommt."
2 „Wie schön, das ist meine Lieblingsfarbe!"

DE COLORES

Ergänzen Sie die Sätze mit den passenden Farben.

1. El sol es ....
2. El mar y el cielo son ....
3. Los flamingos son ....
4. Los tomates son ....
5. Las fresas son ....

Farbadjektive, die von Substantiven stammen, z. B. **lila** (*Flieder > lila*) oder **naranja** (*Orange > orange*), sind unveränderlich. Ansonsten muss man Adjektive immer dem Substantiv in Geschlecht und Zahl anpassen.

PARA VOLAR

Zum Fliegen ist vieles nötig. Ordnen Sie zu.

1   2   3

......**A** la recogida de equipaje

...... **B** el asiento

...... **C** el despegue

...... **D** el control de seguridad

...... **E** el cinturón de seguridad

......**F** el aterrizaje

4   5   6

EL VUELO

Stellen Sie sich vor, Sie machen eine Flugreise! Ordnen Sie die Reihenfolge und schreiben Sie die Zahlen 1-7 in die freien Felder.

......**A** mostrar la tarjeta de embarque y el documento de identidad

......**B** ir a la sala de espera

......**C** volar hasta el lugar de destino

......**D** subir al avión y encontrar el número de asiento

......**E** facturar el equipaje

......**F** pasar el control de seguridad

......**G** bajar del avión y recoger el equipaje

SALUDABLE

★★

> Soy una persona saludable.[1]

> Entonces comes sano y haces deporte, ¿verdad?[2]

> No, ¡toda la gente me saluda![3]

1 „Ich bin eine gesunde (wörtlich: *begrüßenswerte*) Person." **2** „Dann ernährst du dich gesund und treibst Sport, nicht wahr?" **3** „Nein, alle Leute grüßen mich!"

Mit der Nachsilbe **-ble** leitet man im Spanischen Adjektive aus Verben ab, vergleichbar mit den deutschen Nachsilben *-bar, -haft* oder *-würdig*. Beispiele: **comestible** *(essbar)*, **creíble** *(glaubhaft)* oder **amable** *(liebenswürdig)*. Nicht alle abgeleiteten Adjektive sind jedoch so übersetzbar, z. B. **agradable** *(angenehm)*. Die Grundbedeutung der Nachsilbe **-able/-ible** ist, dass das, was das Verb beschreibt, machbar ist. Aus **saludar** *(begrüßen)* wird kein Adjektiv gebildet, obwohl dies theoretisch möglich wäre. Darin besteht die Pointe des Witzes: **Saludable** bedeutet im Allgemeinen *gesund*, aber die Person im Witz definiert sich aufgrund der Wortbildungsregeln als *begrüßungswert* und glaubt daher, sie sei total beliebt, weil sie von jedem begrüßt wird.

EL ADJETIVO ADECUADO

Ergänzen Sie, um die Sätze richtig zu vervollständigen.

1. Este abrigo no es ...., hay que limpiarlo en la tintorería.	.... **A**	adorable
2. Llevar una vida sana es algo .... para todos.	.... **B**	inolvidables
3. He pasado unos días .... con vosotros.	.... **C**	cuestionables
4. Los motivos de Mauricio me parecen bastante	.... **D**	lavable
5. ¡Qué nena tan ....! ¿Es tu sobrina?	.... **E**	deseable

DEPORTES

Ist Ihre Lieblingssportart dabei? Ordnen Sie jeder Sportart ihr passendes Verb zu.

.... **A** nadar

.... **B** practicar la vela

.... **C** jugar al tenis

.... **D** montar a caballo

.... **E** ir al gimnasio

.... **F** esquiar

.... **G** jugar al fútbol

.... **H** bucear

.... **I** ir en bicicleta

.... **J** hacer senderismo

42 CONSUMISMO

★ ★ ★

Este año será de mucho con-su-mismo.[1]

Cómo, ¿con la crisis que estamos pasando?[2]

Sí, ¡todos seguirán viviendo con su mismo sueldo, con su mismo traje, con su mismo coche....![3]

1 „In diesem Jahr wird es ein übertriebenes Konsumverhalten geben." (wörtlich: *viel mit ihren gleichen*) **2** „Wie denn, bei der Krise, die wir jetzt durchleben?" **3** „Ja, alle werden mit den gleichen Gehältern, den gleichen Anzügen, den gleichen Autos weiterleben ..."

LA PALABRA INTRUSA

Finden Sie heraus, welches Wort nicht zu den anderen passt.

1. la camisa   la blusa   la gorra
2. la falda   las botas   el vestido
3. la corbata   las sandalias   los zapatos
4. el jersey   el traje   la camiseta
5. los vaqueros   la chaqueta   los pantalones

EL FUTURO

Wie lauten die Formen des Futurs? Lösen Sie das Kreuzworträtsel!

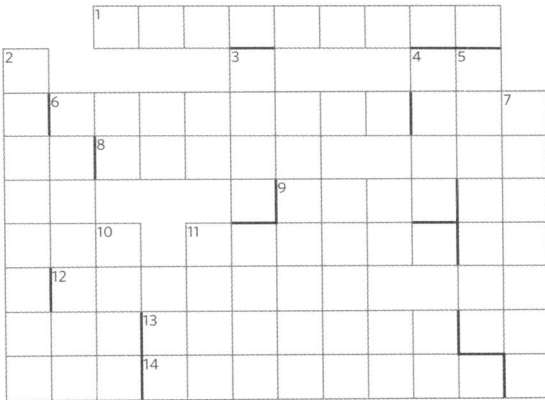

Horizontal:
1. pedir *(nosotros)*
6. poder *(nosotros)*
8. hay *(3. Person)*
9. decir *(yo)*
11. ir *(nosotros)*
12. reír *(vosotros)*
13. salir *(ellos)*
14. comprar *(yo)*

Vertical:
2. querer *(vosotros)*
3. ser *(yo)*
4. hacer *(yo)*
5. venir *(tú)*
6. poner *(tú)*
7. llevar *(ella)*
10. ver *(yo)*

LÖSUNG
Übung 1: **1.** la gorra, **2.** las botas, **3.** la corbata, **4.** el traje, **5.** la chaqueta. **Übung 2:** *Waagrecht:* **1.** pediremos, **6.** podremos, **8.** habrá, **9.** diré, **11.** iremos, **12.** reiréis, **13.** saldrán, **14.** compraré. *Senkrecht:* **2.** querréis, **3.** seré, **4.** haré, **5.** vendrás, **6.** pondrás **7.** llevará, **10.** veré.

¡SAL DE MI VIDA!

★★
★
★

Me gritó:

¡Sal de mi vida![1]

Y yo le contesté:

¡Pimienta de mi corazón![2]

... y se salió dando un portazo.
¡No lo entiendo![3]

1 Sie rief: „Du Würze (wörtlich: *Salz*) meines Lebens! /
Verschwinde aus meinem Leben!"
2 Und ich antwortete ihr: „Du Pfeffer meines Herzens!"
3 ... da ging sie raus und knallte die Tür
hinter sich zu. Ich verstehe das nicht!"

> Beim bejahten Imperativ
> muss man die Reflexiv- und
> Objektpronomen anhängen.

AMOR IMPERATIVO

**Ergänzen Sie diese Sätze mit dem
Imperativ der folgenden Verben:**
1. venir, acercarse, 2. sentarse, escuchar, 3. abrazarme, darme.

1. Mi amor, ¡.................... aquí, ...!

2. ¡.................... a mi lado y .... lo que te quiero decir!

3. ¡.................... y .... un beso!

EXPRESIONES "SALADAS"

Es gibt einige Ausdrücke, die mit *Salz* zu tun haben. Verbinden Sie.

1.	Eva tiene mucho salero, es muy salada.	.......**A**	¡Hazla más divertida!
2.	Me parece que se me ha pasado la sal.	.......**B**	No empeores las cosas.
3.	No le eches sal en la herida.	.......**C**	Pagan muy bien.
4.	Ofrecen un buen salario.	.......**D**	He puesto demasiada.
5.	Chico, ¡ponle sal a tu vida!	.......**E**	Tiene mucha gracia.

HIERBAS Y CONDIMENTOS

Was brauchen Sie zum Würzen? Ordnen Sie zu.

1. la pimienta   **5.** la mejorana

2. la albahaca   **6.** el tomillo

3. el laurel   **7.** el romero

4. la canela   **8.** el perejil

......**A** Rosmarin

......**B** Basilikum

......**C** Petersilie

......**D** Majoran

......**E** Lorbeer

......**F** Zimt

......**G** Pfeffer

......**H** Thymian

44 NO SÉ QUÉ TENGO ★

> Doctor, no como ni duermo desde hace una semana. ¿Qué tengo?[1]

> Pues supongo que mucha hambre y mucho sueño.[2]

1 „Herr Doktor, seit einer Woche kann ich weder essen noch schlafen. Was ich wohl habe?"
2 „Nun, ich vermute, dass Sie sehr hungrig und sehr müde sind."

EL HAMBRE

Vor weiblichen Substantiven, die mit betontem a- oder ha- anfangen, steht der maskuline Artikel el bzw. un im Singular. Kreuzen Sie an.

	UN	UNA
1. hambre tremenda	○	○
2. alma buena	○	○
3. ama de casa simpática	○	○
4. arena limpia	○	○
5. águila blanca	○	○
6. habitación bonita	○	○

> Ausnahme zu dieser Regel ist **el arte** (die Kunst): Im Singular ist es männlich, z. B. **el arte moderno** (die moderne Kunst), aber im Plural, weiblich, z. B. **las artes plásticas** (die bildende Kunst).

VERBOS CON PRESENTE IRREGULAR

Diese folgenden Präsensformen stehen im Plural. Schreiben Sie die entsprechende Person des Singulars auf (**nosotros** > yo / **vosotros** > tú / **ellos, ellas** > él, ella).

1. dormís ....
2. pensamos ....
3. entienden ....
4. pedimos ....
5. nos movemos ....
6. os sentís ....
7. se despiertan ....
8. jugamos ....

TENGO...

Ordnen Sie die Buchstaben und finden die Ergänzung, die der Übersetzung entspricht.

Tengo...

1. Ich habe Hunger. .... **RMAHEB**
2. Ich habe Durst. .... **SDE**
3. Ich bin schläfrig. .... **EÑUOS**
4. Ich habe Lust. .... **AGANS**
5. Mit ist warm. .... **CORAL**
6. Mir ist kalt. .... **ORFÍ**
7. Ich bin ... Jahre alt. .... **ÑOAS**
8. Ich muss ... . **EQU**

RECOMENDACIÓN ★

Doctora, ¡con este dolor de pies no puedo caminar! ¿Qué me recomienda?[1]

Pues le recomiendo ir en taxi.[2]

1 „Frau Doktor, mit diesen Fußschmerzen kann ich nicht laufen! Was empfehlen Sie mir?"
2 „Nun, ich empfehle Ihnen, mit dem Taxi zu fahren."

PARTES DEL CUERPO

la cabeza   la cara

la espalda   los dedos

el trasero   la mano

la pierna   la panza

los dedos (del pie)   el pie

MEDIOS DE TRANSPORTE

Ordnen Sie jedem Bild das passende Verkehrsmittel zu.
Wie sind Sie unterwegs?

1

2

3

4

5

6

7

8

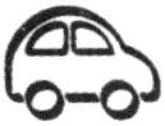

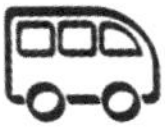

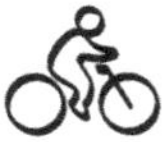

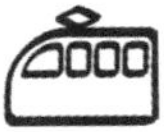

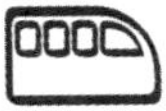

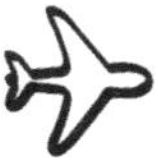

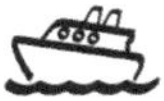

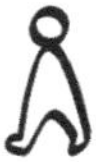

...... **A** en avión

...... **B** en bicicleta

...... **C** en coche

...... **D** a pie

...... **E** en autobús

...... **F** en tren

...... **G** en barco

...... **H** en tranvía

¿A, EN O DE?

Setzen Sie die richtige Präposition ein: a, de oder en?

1. Necesito ir .... taxi .... casa.
2. No puedo ir .... pie porque me duelen los pies.
3. ¿Tú vas .... coche al trabajo? Yo voy .... bici.
4. Me gusta ir .... vacaciones .... la costa.
5. Para ir .... Mallorca tienes que ir .... avión.
6. Vamos .... la playa. Está lejos, hay que ir .... autobús.

LÖSUNG
Übung 1: 1. C, **2.** E, **3.** B, **4.** H, **5.** F, **6.** A, **7.** G, **8.** D. **Übung 2: 1.** en, a, **2.** a, **3.** en, en, **4.** de, a, **5.** a, en, **6.** a, en.

> Doctor, ¡no sé qué me pasa![1]

> Pues entonces le voy a dar estas pastillas, ¡que no sé para qué son![2]

1 „Herr Doktor, ich weiß nicht, was mit mir los ist."
2 „Nun, dann gebe ich Ihnen diese Pillen, von denen ich nicht weiß, wofür sie sind!"

EN LA CONSULTA

Beim Kinderarzt. Ordnen Sie den Dialog: Schreiben Sie die Zahlen 1-9 in die freien Felder. Achten Sie auf die Sprecherzeichen!

.... **A** ° Le duele la cabeza y se siente bastante mal.

.... **B** - Sí, algo para el dolor de garganta y de cabeza. Seguro que va a dormir mucho. Aquí tiene la receta.

.... **C** ° Sí, creo que tiene un poco. Y también le duele la garganta.

.... **D** - Buenas tardes. ¿Qué le pasa al niño?

.... **E** - ¡Adiós y que se mejore!

.... **F** ° ¿Le va a recetar algo?

.... **G** - A ver... Todo bien, es solo un resfriado.

.... **H** - ¿Sabe usted si tiene fiebre?

.... **I** ° Gracias, doctor. Hasta luego.

VERBOS CON PRIMERA PERSONA IRREGULAR

Ergänzen Sie die Sätze mit diesen Verben im Präsens:
1. saber, 2. conocer, 3. hacer, 4. traer, 5. poner.

1. Yo no .... qué tengo, ¿lo .... usted?

2. Dices que me ...., pero yo no te .... a ti.

3. Yo siempre .... lo que .... mis padres.

4. ¿.................... yo las bebidas, o las .... vosotros?

5. Si mi colega no .... las cosas en su lugar,
las .... yo.

SÍNTOMAS

le duele la cabeza   tiene fiebre   tiene tos

le duele la garganta   le duele el estómago   está mareado

ha vomitado   tiene diarrea

47 CONSEJO ★★

> Doctora, últimamente me siento muy mal.[1]

> ¡Pues tiene que sentarse bien![2]

[1] „Frau Doktor, ich fühle mich / ich sitze in letzter Zeit sehr schlecht."
[2] „Dann müssen Sie sich richtig hinsetzen!"

> Die 1. Person des Verbs **sentirse** (*sich fühlen*) ist identisch mit der von **sentarse** (*sich [hin]setzen*).

DOS VERBOS SIMILARES

Vergleichen Sie die Verben **sentirse** und **sentarse** miteinander.
Füllen Sie die Tabelle aus.

Sing.	sentarse	sentirse	Pl.	sentarse	sentirse
1.	me siento	me siento	**1.**	nos	nos ....
2.	te	te	**2.**	os	os ....
3.	se	se	**3.**	se	se ....

¿ADJETIVO O ADVERBIO?

Adjektive beschreiben ein Substantiv oder Pronomen; alles andere beschreiben Adverbien. Was ist hier richtig? Wählen Sie aus!

1. ¿Se siente usted así .... ?
  ○ **A** frecuente
  ○ **B** frecuentemente

2. Yo creo que su caso es ....
  ○ **A** sencillo
  ○ **B** sencillamente

3. Está mucho tiempo sentado y tiene usted una postura ....
  ○ **A** terrible
  ○ **B** terriblemente

4. Debe sentarse ....
  ○ **A** correcto
  ○ **B** correctamente

CONSTRUCCIONES CON INFINITIVO

Manche Konstruktionen mit Infinitiv haben feste Präpositionen bzw. Konjunktionen, andere nicht. Verbinden Sie die richtigen Satzhälften miteinander.

1.	Usted tiene	.... **A**	tomar dos pastillas al día.
2.	Enseguida le voy	.... **B**	a doler, me llama.
3.	Puede	.... **C**	que sentarse bien.
4.	Si le vuelve	.... **D**	a dar una receta.

LÖSUNG
Übung 1: *Singular:* **2.** te sientas, te sientes, **3.** se sienta, se siente. *Plural:* **1.** nos sentamos, nos sentimos, **2.** os sentáis, os sentís, **3.** se sientan, se sienten. **Übung 2: 1.** B, **2.** A, **3.** A, **4.** B. (Aus einem Adjektiv leitet man ein Adverb ab, indem man an die feminine Form die Endung -**mente** anhängt.) **Übung 3: 1.** C, **2.** D, **3.** A, **4.** B.

PSICOTERAPIA

★★
★★

Doctora, soy muy inseguro... ¿o no?

„Frau Doktor, ich bin sehr unsicher... oder nicht?"

INVISIBLE

★★
★★

Doctora, nadie me escucha, ¡es como si fuera invisible![1]

¡Que pase el siguiente![2]

1 „Frau Doktor, niemand hört auf mich, es ist, als ob ich unsichtbar wäre!"
2 „Der Nächste, bitte!"

EL PREFIJO IN-

Das spanische Präfix in- verneint die Bedeutung des Adjektivs. Schreiben Sie das Gegenteil in die Lücken.

1. seguro/-a ≠ ....
2. visible ≠ ....
3. legal ≠ ....
4. necesario/-a ≠ ....
5. posible ≠ ....

Dieses Präfix hat verschiedene Formen: **in** vor **p** oder **b**, z. B. **improbable** (*unwahrscheinlich*); **i-** vor **l** und **r**, z. B. **ilegal** (*illegal*) und **irreal** (*unwirklich*). Fängt ein Adjektiv mit **n-** an, dann entsteht mit dem Präfix ein Doppel-**n**, z. B. **innumerable** (*unzählig*).

COMO SI

Nach **como si** (*als ob*) folgt der **Subjuntivo** Imperfekt. Setzen Sie die Formen **estuviera, fuera, hubiera, ofreciera, supiera, viera** ein.

1. La gente actúa como si no me ....

2. Es como si yo .... invisible.

3. Incluso el psiquiatra hace como si yo no .... ahí.

4. No me gusta la gente que habla como si .... la respuesta para todo.

5. Felipe está hoy muy amable, como si no .... problemas entre nosotros.

6. Vive siempre como si este día te .... una oportunidad única y maravillosa.

50 EN EL DENTISTA ★★★

¡Uff! Tendré que sacarle seis muelas.[1]

Huy, doctor, ¿y eso duele mucho?[2]

Pues a veces me dan calambres en los brazos....[3]

1 „Uff, ich werde Ihnen sechs Backenzähne herausziehen müssen." **2** „Ui, Herr Doktor, tut das sehr weh?" **3** „Nun, manchmal bekomme ich Armkrämpfe ..."

51 AMBICIONES ★★★

¿Sabes? Quiero ser dentista.[1]

Ah, ¿y por qué?[2]

Para que todos se queden con la boca abierta.[3]

1 „Weißt du, ich möchte Zahnarzt werden." **2** „Ach so, und warum?" **3** „Damit alle mit offenem Mund dastehen / damit allen die Spucke wegbleibt."

Die Redewendung **quedarse con la boca abierta** (mit offenem Mund dastehen) bedeutet, dass man vor Bewunderung oder Staunen sprachlos ist.

PARTES DEL BRAZO Y DE LA MANO

Wie heißen folgende Körperteile? Ordnen Sie zu.

...... **A** la palma de la mano

...... **B** el dedo índice

...... **C** el codo

...... **D** el antebrazo

...... **E** el hombro

...... **F** la muñeca

...... **G** el dedo pulgar

...... **H** la uña

EXPRESIONES CON "QUEDARSE"

Quedarse kommt in vielen festen Ausdrücken vor. Verbinden Sie.

1.	Elsa se quedó viuda hace un año.	.... **A**	Ahora no tiene trabajo.
2.	Me quedé en casa.	.... **B**	La compro.
3.	Adrián se ha quedado sin empleo.	.... **C**	Lamentablemente, su marido murió.
4.	¡No te quedes con la boca abierta!	.... **D**	No salí a ningún lado.
5.	A la blusa le falta un botón, pero me quedo con ella.	.... **E**	Habla, di algo.

> Doctor, ¡mi marido se ha tragado el sacacorchos![1]

> ¡Qué barbaridad! ¿Y qué han hecho?[2]

> Todo bien, hemos abierto la botella con un tenedor.[3]

1 „Herr Doktor, mein Mann hat den Korkenzieher verschluckt!" **2** „Wie schrecklich! Und was haben Sie gemacht?" **3** „Alles gut, wir haben die Flasche mit einer Gabel geöffnet."

UTENSILIOS DE COCINA

el sacacorchos
Korkenzieher

el abrebotellas
Flaschenöffner

el cucharón
Schöpflöffel

el rallador
Reibe

el pelador
Schälmesser

OBJETOS QUE TENEMOS EN CASA

Die folgenden Dinge sind zusammengesetzte Substantive. Welche Eigenschaft haben sie alle gemeinsam? Finden Sie es heraus.

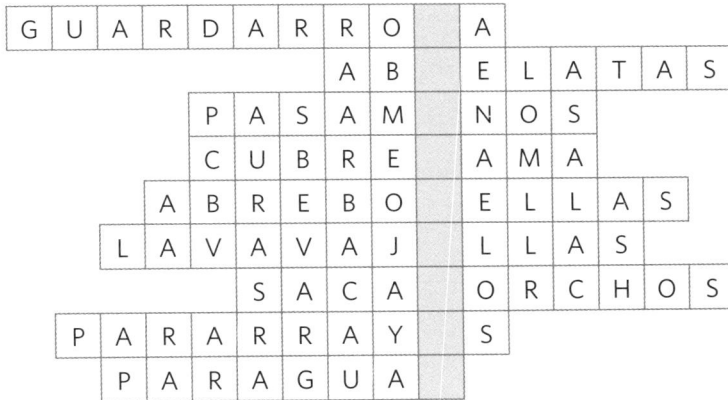

G	U	A	R	D	A	R	R	O		A				
							A	B		E	L	A	T	A	S
			P	A	S	A	M			N	O	S			
			C	U	B	R	E			A	M	A			
		A	B	R	E	B	O			E	L	L	A	S	
	L	A	V	A	V	A	J			L	L	A	S		
			S	A	C	A				O	R	C	H	O	S
P	A	R	A	R	R	A	Y			S					
	P	A	R	A	G	U	A								

LA REACCIÓN ADECUADA

Welche Reaktion passt zu diesen Aussagen? Wählen Sie aus!

1. Los amigos abrieron la botella con un tenedor.
   - A ¡Faltaría más!
   - B ¡No me lo puedo creer!

2. A Juana no le importó el estado de su marido.
   - A ¡Qué barbaridad!
   - B ¡Ni loca!

3. Al final el pobre hombre llamó a la ambulancia.
   - A ¡No puede ser!
   - B ¡En absoluto!

4. Poco después, la pareja se divorció.
   - A ¡Con mucho gusto!
   - B Hombre, ¡lógico!

LÖSUNG
Übung 1: PRÁCTICOS. (Das Doppel-r, z. B. guardarropa (Garderobe) behält die Aussprache des stark gerollten Anfangs-r von ropa (Kleidung) bei.) Übung 2: 1. B, 2. A, 3. A, 4. B.

53 EL NÚMERO ★

Un ladrón asalta a una mujer que lleva un bolso enorme y le dice:
"¡Deme el móvil!"
Dice ella: "No lo encuentro. ¿Le doy mi número y me llama?"

Ein Dieb überfällt eine Frau, die eine riesige
Tasche trägt, und sagt zu ihr:
„Geben Sie mir Ihr Handy!"
Da sagt sie:
„Ich finde es nicht. Soll ich Ihnen meine
Nummer geben, und Sie rufen mich an?"

LOS NÚMEROS DEL 1-100

Telefonnummern gibt man mit einzelnen Ziffern oder mit zweistelligen Nummern an. Schreiben Sie diese Nummern aus.

1. 0	....	**9.** 31	....
2. 10	....	**10.** 44	....
3. 12	....	**11.** 55	....
4. 14	....	**12.** 67	....
5. 16	....	**13.** 76	....
6. 20	....	**14.** 80	....
7. 25	....	**15.** 99	....
8. 30	....	**16.** 100	....

AL, A LA, DEL ODER DE LA?

Die Präpositionen **a** und **de** verschmelzen mit dem männlichen bestimmten Artikel im Singular. Treffen Sie die richtige Auswahl: **al, a la, del** oder **de la** und ergänzen Sie die Sätze.

1. Este es el bolso .... señora.

2. La mujer no es amiga .... ladrón.

3. El móvil, ¿es .... señor?

4. No, él quiere robarle el móvil .... mujer.

5. Ella seguramente va a llamar .... policía.

6. Y la policía va a detener .... ladrón.

¿HAY O ESTÁ?

Mit **hay** führt man ein Thema ein oder man macht Ortsangaben bezogen auf unbestimmte Personen bzw. Sachen. Für bestimmte Personen bzw. Sachen verwendet man **estar**. Was ist hier richtig?

1. ¡ .... una buena noticia!
○ **A** Hay
○ **B** Está

2. El móvil .... en la estación de policía.
○ **A** hay
○ **B** está

3. En el móvil .... un mensaje.
○ **A** hay
○ **B** está

4. Dice: "Aquí .... su móvil, señora."
○ **A** hay
○ **B** está

54 EL NUEVO NOMBRE ★

Puedes llamarme al móvil, ¿vale?[1]

¡Vale, muy bien![2]

Bueno, me voy. ¡Hasta luego![3]

¡Adiós, Almóvil![4]

1 „Du kannst mich auf dem Handy anrufen / Du kannst mich »Almóvil« nennen, ok?"
2 „Ok, sehr gut!" **3** „Also, ich gehe. Bis dann!" **4** „Tschüs, Almóvil"

Llamar heißt *rufen, anrufen* und *nennen*; daher die Pointe des Witzes. **Almóvil** ist zwar kein bekannter Vorname, aber ähnliche spanische Vornamen gibt es durchaus, z. B. **Alfonso** oder **Alfredo**.

LLAMAR POR TELÉFONO

marcar el número
die Nummer wählen

sonar (el teléfono)
klingeln (Telefon)

contestar la llamada
den Anruf entgegennehmen

colgar el teléfono
auflegen

¿CON O SIN PREPOSICIÓN?

Setzen Sie die Präposition a ein, wo es notwendig ist.

1. ¿No escuchas .... el teléfono?
2. ¿No escuchas .... Alberto?
3. Lleva .... el móvil contigo.
4. Lleva .... los niños contigo.
5. Espero .... tu llamada.
6. Espero .... mis amigos en el bar.

Vor einem direkten Objekt (Akkusativ), das sich auf eine Person oder Personengruppe (z. B. **el equipo**, *die Mannschaft*) bezieht, steht die Präposition **a**.

SALUDOS Y DESPEDIDAS

Manche Ausdrücke sind sowohl Begrüßung als auch Verabschiedung. Welche? Markieren Sie.

		Saludo	Despedida
A	Buenos días.		
B	¡Hasta luego!		
C	¡Hola!		
D	¡Buenas noches!		
E	¡Adiós!		

55 CASI NUEVO ★

Vndo tclado casi nuvo a bun prcio, solamnt l falta una tcla.

Ich vrkauf Tastatur zu gutm Pris, s fhlt nur in Tast.

Wussten Sie, dass der am häufigsten vorkommende Buchstabe sowohl im Deutschen als auch im Spanischen das **E** ist? Danach folgt im Deutschen das **N**, im Spanischen die Vokale **A** und **O**. Wenn Sie also auf dem Computer diese **teclas** (*Tasten*) so oft gebrauchen, nutzen sie sich natürlich mit der Zeit ab!

56 ERROR ★

Error:
No se detecta ningún teclado.
Pulse una tecla para continuar.

Fehlermeldung:
Keine Tastatur erkannt.
Drücken Sie eine Taste, um fortzufahren.

LETRAS

Wie heißen die folgenden Buchstaben und Zeichen
auf der Tastatur? Ordnen Sie zu.

...... **A** ?

...... **B** á

1. la exclamación	10. la hache
2. la barra	11. la jota
3. el paréntesis	12. la ye / i griega
4. la interrogación	13. la equis
5. la a con acento	14. la uve
6. la uve doble	15. la coma
7. la erre mayúscula	16. el punto
8. la zeta minúscula	17. el guión
9. la u con diéresis	18. la arroba

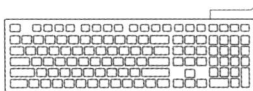

...... **C** j

...... **D** z

...... **E** y

...... **F** v

...... **G** w

...... **H** .

...... **I** h

...... **J**)

...... **K** ü

...... **L** R

...... **M** -

...... **N** x

...... **O** /

...... **P** ,

...... **Q** @

...... **R** !

Das Wort **arroba** und das
dazugehörige Zeichen @
stammen ursprünglich aus
dem Handel. Es bezeichnet ein
Gewichtsmaß von ca. 12 kg.

¡Que quede claro que a
mí nadie me da órdenes![1]

2% de batería. Conecte el cargador.[2]

¡Ya voy, un momentito![3]

1 „Damit das klar ist: Ich lasse mir von niemandem Befehle erteilen!"
2 2% Akku. Schließen Sie das Ladegerät an.
3 „Komme schon, einen kleinen Moment!"

MISMA PALABRA, DISTINTO GÉNERO

Manche Wörter unterscheiden sich in ihrer Bedeutung nur durch ihr
Geschlecht. Was bedeutet das Wort jeweils, wenn es weiblich oder
männlich ist? Tragen Sie es in die Tabelle ein.

1.	la orden	el orden	
2.	la capital	el capital	
3.	la frente	el frente	
4.	la rosa	el rosa	

EL ORDENADOR

el ordenador / la computadora (portátil)
Computer (Laptop)

el cargador
Ladegrät

la pantalla / el monitor
Bildschirm

la impresora
Drucker

el teclado
Tastatur

el ratón
Maus

In Spanien wird für *Computer* das Wort **el ordenador** verwendet, in Lateinamerika je nach Land **la computadora** oder **el computador**.

DIMINUTIVOS

Verkleinerungsformen auf **-ito/-ita** sind sehr beliebt. Wie lautet die Verkleinerung der folgenden Wörter?

1. el momento ....
2. la casa ....
3. el coche ....
4. el ratón ....

UNA LLAMADA ★★

A las tres de la mañana llama alguien por teléfono:

¿Diga?[1]

¿La familia Silva?[2]

¡No, imbécil, la familia duerme![3]

1 Um drei Uhr nachts ruft jemand an: „Hallo?"
2 „(Bin ich) bei Familie Silva? / Pfeift die Familie?"
3 „Nein, Sie Depp, die Familie schläft!"

Der Nachname **Silva** wird genauso ausgesprochen wie die 3. Person des Verbs **silbar** (*pfeifen*).

Wird jemand in einem spanischsprachigen Land angerufen, sagt er nicht seinen Namen, sondern meldet sich mit **¿Diga?** oder **¿Dígame?** (*wörtlich: Sagen Sie [mir]*). Man fragt dann nach der angerufenen Person, z. B. mit **¿Está Alba?** (*Ist Alba da?*) oder mit **¿Puedo hablar con Alba?** (*Kann ich Alba sprechen?*). Erst nach der Frage **¿Quién le habla?** oder **¿De parte de quién?** (*Wer spricht, bitte?*) sagt der Anrufer seinen Namen.

UN RECADO PARA ALEJANDRO

Ordnen Sie die Reihenfolge dieses Anrufes: Schreiben Sie die Zahlen 1-8 in die freien Felder.

......**A** No, no está. ¿De parte de quién?

......**B** ¡Ah! Hola, Fátima. Soy Julia. ¿Quieres dejarle un recado a Alejandro?

......**C** ¿Dígame?

......**D** Gracias. ¡Adiós!

......**E** Soy Fátima.

......**F** De acuerdo, yo le digo. ¡Que te mejores!

......**G** Hola. ¿Está Alejandro?

......**H** Sí, dile por favor que estoy enferma y que hoy no puedo ir a la oficina.

INSULTOS

Palabrotas *(Schimpfwörter)* **sind ein lebendiger Teil der Alltagssprache, die sie jedoch lieber sparsam verwenden sollten! Verbinden Sie diese mit der entsprechenden Übersetzung.**

1. tonto/-a
2. gilipollas
3. loco/-a
4. imbécil
5. idiota
6. cerdo
7. cabrón
8. burro

......**A** Wahnsinnige/r

......**B** Arschloch

......**c** Schwein

......**D** Idiot/in

......**E** Dummkopf

......**F** Depp

......**G** Esel

......**H** Vollidiot/in

59 NO LO ENTIENDO ★★

Me ha dicho: "Su contraseña es incorrecta."
Acabo de poner "incorrecta", y me lo ha puesto otra vez.
¡De verdad que no lo entiendo!

Ich bekam die Meldung:
Ihr Passwort ist nicht korrekt."
Jetzt habe ich gerade
„nicht korrekt"geschrieben,
und die Meldung kam noch einmal.
Das verstehe ich wirklich nicht!

60 RECHAZADO ★★

Un tipo quería poner "pene" como
contraseña y recibe este mensaje:
"Contraseña rechazada: No es suficientemente larga."

Ein Typ wollte „Penis" als Passwort angeben
und bekommt diese Nachricht:
„Passwort abgelehnt: Nicht lang genug."

VOCABULARIO DE INTERNET

In der Wortschnecke verstecken sich die Übersetzungen dieser Ausdrücke, die alle mit dem Internet zu tun haben: 1. *Netz*, 2. *Like*, 3. *Webseite*, 4. *soziale Netzwerke*, 5. *Datei*, 6. *E-Mail*, 7. *Link* und 8. *Suchmaschine*. Schreiben Sie sie auf.

1. ....
2. ....
3. ....
4. ....
5. ....
6. ....
7. ....
8. ....

Steht das Partizip Perfekt nicht mit dem Hilfsverb **haber**, passt es sich an das Substantiv in Geschlecht und Zahl an.

EL PARTICIPIO PERFECTO

Setzen Sie das Partizip Perfekt der Verben ein:
1. sentarse, 2. rechazar, 3. escribir, poner.

1. María, ¡todo el tiempo estás .... enfrente del ordenador!
2. Oh, no, ¡mi contraseña ha sido ....!
3. Esta clave de acceso está mal.............................. ¿Quién la ha .... aquí?

AMOR DE MADRE

La nena se acercó a su madre, que como siempre, estaba mirando el móvil, y dijo:

> Mami, ¡tengo hambre![1]

Contesta ella:

> ¡Espera, cariño! Solo déjame postear que eres lo más importante de mi vida y ahora mismo te atiendo.[2]

1 Ein kleines Mädchen kommt zu seiner Mutter, die wie immer aufs Handy starrt, und sagt: „Mami, ich hab Hunger!"
2 Diese antwortet: „Warte, Liebes! Lass mich nur posten, dass du das Wichtigste in meinem Leben bist, und ich bin gleich bei dir."

NOMBRES CARIÑOSOS

Wie nenne ich meinen Liebling bzw. Schatz auf Spanisch?

cariño

mi amor / vida / cielo

tesoro

princesa *(für Mädchen)*

(mi) corazón

VERBOS EN -EAR

In diesem Buchstabenwirrwarr finden Sie einige Verben, die mit den neuen Medien zu tun haben. Wie lauten sie?

1.	**SROTEPA**	....	**4.**	**REGOGEALO**	....
2.	**ATTERIU**	....	**5.**	**CEATRAH**	....
3.	**FURRESA**	....	**6.**	**ERAXTET**	....

EL SUPERLATIVO RELATIVO

Der Superlativ wird mit dem bestimmten Artikel + Substantiv / Adjektiv + **más/menos** gebildet. Beim relativen Superlativ wird ein Bezug mit **de** genannt. Schreiben Sie die spanischen Sätze auf!

1. *das Wichtigste meines Lebens*

....

2. *der schönste Strand an der Küste*

....

3. *der schnellste Computer der Welt*

....

4. *das intelligenteste Mädchen der Gruppe*

....

5. *das Interessanteste in den Ferien*

....

Mit dem Artikel **lo** werden aus anderen Wortarten Substantive, z. B. **importante** *(wichtig)* > **lo importante** *(das Wichtige)*.

Hija, pásame el periódico.[1]

Pero papá, ¡qué anticuado! Te paso mi móvil para lo que quieras.[2]

Vale. ¿No te importa lo que le pase si mato la mosca con él?[3]

1 „Kind, reich mir die Zeitung rüber." **2** „Aber Papa, wie altmodisch! Ich geb dir mein Handy für was immer du willst." **3** „Na gut. Dir ist es (also) egal, was damit passiert, wenn ich die Fliege damit erschlage?"

LA PALABRA INTRUSA

Finden Sie heraus, welches Wort hier nicht passt.

1. chiste　　revista　　periódico
2. mosca　　mariposa　　avispa
3. anticuado　　moderno　　atrasado
4. vale　　bueno　　depende
5. pero　　porque　　sin embargo
6. nacer　　morir　　matar

EXPRESIONES CON "PASAR"

Pasar kommt in vielen festen Ausdrücken vor. Verbinden Sie.

1.	Pásame la sal, por favor.	......**A**	*Wo verbringst du den Tag?*
2.	¿Qué le pasa al niño?	......**B**	*Treten Sie ein.*
3.	¿Por dónde pasa este autobús?	......**C**	*Was ist mit dem Kind los?*
4.	¿Dónde pasas el día?	......**D**	*Der Schreck ist vorüber.*
5.	Esas cosas pasan.	......**E**	*Wo fährt dieser Bus durch?*
6.	Adelante, pase.	......**F**	*(Dir) viel Spaß!*
7.	Ya pasó el susto.	......**G**	*Reich mir das Salz, bitte.*
8.	¡Que lo pases bien!	......**H**	*Solche Sachen passieren.*

LA LÁMPARA MARAVILLOSA

Setzen Sie die richtige Form im Subjuntivo Präsens ein.

1. *(querer)* Papá, te paso mi móvil para lo que tú ....

2. *(pedir)* .... lo que usted ...., ¡nosotros lo tenemos!

3. *(poder)* Nos reuniremos de nuevo cuando ....

4. *(desear)* ¡Te daré todo lo que ....!

Bezieht sich ein Relativsatz auf einen Wunsch oder eine offene Möglichkeit (*was immer, egal wo /wie/was* usw.), so steht das Verb im **Subjuntivo**.

LÖSUNG
Übung 1: 1. chiste, 2. mariposa, 3. moderno, 4. depende, 5. porque, 6. nacer. Übung 2: 1. G, 2. C, 3. E, 4. A, 5. H, 6. B, 7. D, 8. F. Übung 3: 1. quieras, 2. Pida, pida, 3. podamos, 4. desees.

115

63 PLANES ★

¿Qué le dijo una morsa a otra?[1]

¿Almorzamos juntas?[2]

1 „Was sagte ein Walross zum anderen?"
2 „Essen wir zusammen zu Mittag?"

¿Qué le dijo...? *(Was sagte...?)* Diese Art von Witzen bestehen aus der Frage, was eine Person, ein Tier oder eine Sache einer bzw. einem anderen sagte und der Antwort darauf. Wie so oft entsteht die Pointe durch ein unerwartetes Wortspiel bzw. durch verschiedene Wortbedeutungen.

Generell wird in Spanien das **z** und das **c** vor **e** und **i** wie ein englisches *th* [θ] ausgesprochen, aber im Süden Spaniens und in den meisten Ländern Lateinamerikas spricht man den Laut wie ein scharfes **s** aus: So klingt **gracias** *(danke)* in diesen Regionen wie **[grasias]**. Wenn man von dieser Aussprache ausgeht, versteht man das Wortspiel des Witzes: Hier wird angedeutet, dass **almorzar** *(zu Mittag essen)* vom Klang her aus **morsa** *(Walross)* abgeleitet wird, etwa so als würde man im Deutschen „*walrossieren*" aus *Walross* bilden können.

LAS COMIDAS DEL DÍA

Wie heißen die Hauptmahlzeiten auf Spanisch? Schreiben Sie sie
in die nummerierten Lücken hinein.

por la mañana entre las 7.00 y las 9.00:	**1.** ....
cerca de las 11.00	el aperitivo / el almuerzo
a mediodía entre las 14.30 y las 15.30	**2.** ....
por la tarde / noche cerca de las 19.00	la merienda
entre las 21.00 y las 23.00	**3.** ....

In Spanien und Lateinamerika werden die Mahlzeiten später eingenommen als bei uns. Zum Frühstück gibt es oft nur einen **café con leche** (Milchkaffee) mit etwas Gebäck. Als Zwischenmahlzeit essen viele gegen 11.00 Uhr einen **almuerzo/aperitivo**, zum Beispiel **tapas** (Häppchen) in einer Bar, und abends steht besonders für Kinder und ältere Menschen eine kleine **merienda** (Snack) bereit. Die **cena**, ein warmes Abendessen, findet erst recht spät statt.

LÖSUNG
Übung 1: 1. el desayuno, 2. la comida, 3. la cena.

64 ¿DÓNDE NOS VEMOS? ★

¿Qué le dijo el azúcar a la leche?[1]

Nos vemos en el café.[2]

1 „Was sagte der Zucker zur Milch?"
2 „Wir treffen uns im Kaffee / im Café."

65 MI VIDA SIN TI ★

¿Qué le dijo el café al azúcar?[1]

Sin ti, ¡mi vida es amarga![2]

1 „Was sagte der Kaffee zum Zucker?"
2 „Ohne dich ist mein Leben bitter!"

EL CARRITO DE LA COMPRA

Finden Sie im Wortgitter 20 Nahrungsmittel, die Sie sich in Ihren Einkaufswagen legen könnten.

M	A	N	T	E	Q	U	I	L	L	A	O	Q
S	Z	V	I	N	A	G	R	E	E	R	C	C
A	Ú	F	I	Y	O	G	U	R	C	R	H	A
L	C	E	R	E	A	L	E	S	H	O	O	F
H	A	R	I	N	A	L	U	A	E	Z	C	É
U	R	E	U	M	C	H	T	É	V	I	O	L
E	P	I	M	I	E	N	T	A	Y	A	L	C
V	A	P	O	E	I	A	Z	U	M	O	A	E
O	N	M	U	L	T	Q	U	E	S	O	T	R
S	M	E	R	M	E	L	A	D	A	T	É	S

VERBOS DE HABLA

Setzen Sie das angegebene Verb im Präsens ein.

1. *(decir)* ¿Qué ...., Clara? ¿Te gusta este café?
2. *(explicar)* El guía nos .... la historia de este lugar.
3. *(contar)* Los abuelos les .... muchos cuentos a los niños.
4. *(repetir)* ¡Uf! Mi madre siempre .... lo mismo.
5. *(preguntar)* Chicos, si no entendéis algo, me .... ¿Vale?

¡POBRECILLA!

**

¿Qué le dijo una silla rica a una pobre?[1]

¡Pobre silla![2]

1 „Was sagte ein reicher Stuhl zu einem armen (Stuhl)?"
2 „Du armer Stuhl! / Du armes Ding!"

Es gibt im Spanischen mehrere verschiedene Verkleinerungsendungen, z. B. **-ito/-a** und **-illo/-a**. Verkleinerungsformen können u. a. Folgendes ausdrücken: Zuneigung oder Verniedlichung, z. B. **¡Ven, chiquillo!** *(Komm, Kleiner)*; Bescheidenheit, z. B. **Haré una fiestecita.** *(Ich werde ein kleines Fest veranstalten.)*; Behaglichkeit z. B. **¡Qué agustito!** *(Wie gemütlich!)*; Liebe oder Wertschätzung, z. B. **Quiero a mi abuelita.** *(Ich liebe meine Omi.)*; Intensivierung, z. B. **Yo puedo solito.** *(Ich kann's ganz alleine.)*; Ironie, z. B. **¡Vaya casita!** *(Was für ein Häuschen!)*; Kritik oder Verachtung, z. B. **No soporto a ese tipillo.** *(Ich kann diesen blöden Typen nicht ausstehen.)* **¡Pobrecillo/-a!** *(Der/Die Arme!)* kann also sowohl Mitleid als auch Ironie oder Verachtung ausdrücken.

MUEBLES

Ordnen Sie jedem Bild das passende Möbelstück zu.

1 **2** **3**

4 **5** **6**

7 **8** **9**

...... **A** el sofá

...... **B** el sillón

...... **C** la estantería

...... **D** la mesa

...... **E** la silla

...... **F** la cama

...... **G** el armario

...... **H** la cómoda

...... **I** el escritorio

¿POBRE CHICA O CHICA POBRE?

Einige Adjektive weisen Bedeutungsunterschiede auf, je nachdem, ob sie vor oder nach dem Substantiv stehen. Verbinden Sie die Sätze mit dem deutschen Satz, der dazu passt.

1.	Bea es una chica pobre.	...... **A**	*Er ist sehr betagt.*
2.	Nati es una pobre chica.	...... **B**	*Nur eine einzige Person ist da.*
3.	Toño es un viejo amigo.	...... **C**	*Sie hat kein Geld.*
4.	Pepe es un hombre viejo.	...... **D**	*Die Person ist allein.*
5.	Ahí hay una sola persona.	...... **E**	*Er ist ein langjähriger Freund.*
6.	Ahí hay una persona sola.	...... **F**	*Sie ist bedauernswert.*

ENCUENTRO ★★

¿Qué le dijo una pared a otra?[1]

¡Nos encontramos en la esquina![2]

1 „Was sagte eine Wand zur anderen?
2 „Wir treffen uns an der Ecke!"

Viele Spanischlernende verwechseln **encontrar** *(finden)* mit
encontrarse con *(sich treffen mit)*. Vergleichen Sie:
En el club puedes encontrar nuevos amigos. *(Im Verein kannst
du neue Freunde finden).* **Después os podéis encontrar allí para
charlar.** *(Danach könnt ihr euch dort treffen, um zu quatschen).*
Für *treffen* im Sinne von *kennenlernen* wird **conocer** verwendet:
Conocí a Javier en una fiesta. *(Ich traf Javier [zum ersten Mal] auf
einer Party).* **Encontré a Javier en una fiesta** wäre nur dann zutreffend, wenn man ihn nach langer Suche dort gefunden hätte!

LA CASA POR FUERA

la chimenea
Schornstein

la fachada
Fassade

el tejado
Dach

la ventana
Fenster

la pared
Wand

la puerta
Tür

el camino
Weg

el jardín
Garten

LAS HABITACIONES DE LA CASA

Wo finden Sie folgende Dinge? Ordnen Sie sie dem entsprechenden Zimmer zu.

1. la nevera, el horno, el microondas
2. la cama, la mesa de noche, el armario
3. el sofá, el sillón, la estantería
4. el váter, la ducha, el lavabo
5. la mesa, las sillas, la cómoda

.... **A** el dormitorio

.... **B** el comedor

.... **C** el salón

.... **D** la cocina

.... **E** el baño

SEMÁFORO TÍMIDO ★★

¿Qué le dijo un semáforo a otro?[1]

Cierra los ojos, que me estoy cambiando.[2]

1 „Was sagte eine Ampel zur anderen?"
2 „Schließ die Augen, ich schalte um / ich ziehe mich gerade um."

LA PALABRA INTRUSA

Finden Sie heraus, welches Wort nicht zu den anderen passt.

1.	el semáforo	la valla publicitaria	la señal de tráfico
2.	el buzón	el paseo	la avenida
3.	la calle	la acera	el puerto
4.	el hospital	la papelera	el ambulatorio
5.	el aparcamiento	el rascacielos	el edificio
6.	el quiosco	la tienda	el paso de peatones

DECIR, PEDIR, PREGUNTAR

Wortsalat! Wie lauten die folgenden Sätze?

1. ¡eso | menos | hemos | por | lo | veces! | os | cien |

   lo | Hijos, | dicho ....

2. ya | lo | jefe. | El | pedido | he | mi | a | se |

   aumento ....

3. te | no | sido | he | ha | lo | Yo | Mariela. |

   preguntado, ...

Verben des Sagens – auch **pedir** *(fragen nach, bitten um)* und
preguntar *(fragen)* – benötigen erst ein Dativobjekt (für die
Person) und danach für das Gesagte ein Akkusativobjekt.

DÍGALO DE OTRO MODO

**Bei Konstruktionen mit Infinitiv oder Gerundium können die
Objektpronomen vor der Verbeinheit stehen oder angehängt
werden. Schreiben Sie diese Sätze um und hängen Sie die
Pronomen hinten an.**

1. Me voy a cambiar de ropa. ....
2. Ahora me estoy cambiando. ....
3. ¿Me puede decir dónde está el museo? ....
4. ¡El policía nos está poniendo una multa! ....

LÖSUNG
Übung 1: 1. la valla publicitaria, **2.** el buzón, **3.** el puerto, **4.** la papelera, **5.** el aparcamiento, **6.** el paso de peatones. **Übung 2: 1.** Hijos, ¡eso os lo hemos dicho por lo menos cien veces! **2.** El aumento ya se lo he pedido a mi jefe. **3.** Yo no te lo he preguntado, ha sido Mariela. **Übung 3: 1.** Voy a cambiarme de ropa. **2.** Ahora estoy cambiándome. **3.** ¿Puede decirme dónde está el museo? **4.** ¡El policía está poniéndonos una multa!

69 ¡QUÉ VERGÜENZA! ★★★

> ¿Qué le dijo un celular a otro?[1]

> ¡No me mires! Tengo celulitis, ¡me da vergüenza![2]

1 „Was sagte ein Handy zum anderen?"
2 „Schau mich nicht an! Ich habe Zellulite, es ist mir peinlich!"

Das *Handy* wird in Lateinamerika generell **el celular** genannt, in Spanien **el móvil**. Die Pointe des Witzes entsteht durch die Ähnlichkeit des Wortes mit **celulitis** *(Zellulite)*.

¿QUÉ TIENE?

la tensión alta
hoher Blutdruck

una bronquitis
Bronchitis

una apendicitis
Blinddarmentzündung

un resfriado
Erkältung

DIFERENCIAS DE VOCABULARIO

Es gibt einige Wortschatzunterschiede zwischen Spanien und Lateinamerika. Welche gehören zusammen?

España		Latinoamérica
1. el móvil	.......A	la papa
2. la patata	.......B	el/la mesero/-a
3. el zumo	C	el saco
4. el/la camarero/-a	.......D	el celular
5. la americana	.......E	el jugo

Nicht in jedem Land Lateinamerikas verwendet man den gleichen Wortschatz. Die Beispiele zeigen Wörter, die irgendwo in Lateinamerika eine andere Entsprechung haben. Manchmal werden auch beide Varianten verwendet, z. B. **lindo/bonito** (*schön*)!

EL IMPERATIVO NEGATIVO

Schreiben Sie jeweils die entsprechende negative Aufforderung. Achtung, die Objektpronomen werden nicht angehängt.

1. ¡Mírame! ....
2. Díganoslo. ....
3. Dádselas. ....
4. Háganlo. ....
5. ¡Vete! ....

¿Qué le dijo una flor a otra?[1]

¡Nos dejaron plantadas![2]

1 „Was sagte eine Blume zur anderen?"
2 „Uns hat man gepflanzt! / Uns hat man einen Korb gegeben!"

Plantar heißt *pflanzen*, aber die feste Wendung **dejar plantado/-a a alguien** bedeutet umgangssprachlich *jemanden sitzenlassen* bzw. *jemandem einen Korb geben*.

UN RAMO DE FLORES

Welche Blumen verstecken sich hier? Ordnen Sie sie alphabetisch.

Richtige Reihenfolge: ....

....

MARGARITAGIRASOLAMAPOLANARCISOTULIPÁNCLAVELROSAAZAHAR

PARTES DEL ÁRBOL

Wie heißen die Teile des Baumes? Ordnen Sie zu.

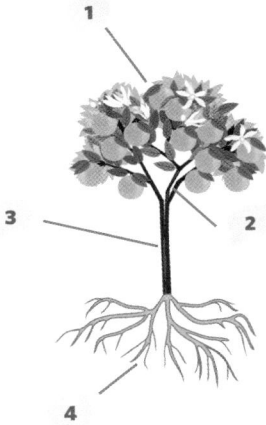

...... **A** la hoja

...... **B** la corona

...... **C** la flor

...... **D** el fruto

...... **E** la raíz

...... **F** la rama

...... **G** el tronco

...... **H** la semilla

EXPRESIONES CON "DEJAR"

Was bedeuten diese Sätze mit dejar? Verbinden Sie.

1.	Dejé mi abrigo en la entrada.	...... **A**	No fue a la cita.
2.	Deja de molestar.	...... **B**	¿Me lo prestas?
3.	Belén dejó plantado a su novio.	...... **C**	¿Me das permiso?
4.	No dejes de escribirme.	...... **D**	Ya no molestes más.
5.	Papi, ¿me dejas ir a la fiesta?	...... **E**	Lo puse ahí.
6.	¿Y también me dejas tu coche?	...... **F**	¡Sigue escribiéndome!

LÖSUNG
Übung 1: amapola (*Klatschmohn*), azahar (*Orangenblüte*), clavel (*Nelke*), girasol, margarita, narciso, rosa, tulipán. **Übung 2: 1.** B, **2.** F, **3.** G, **4.** E, **5.** C, **6.** A, **7.** D, **8.** H. **Übung 3: 1.** E, **2.** D, **3.** A, **4.** F, **5.** C, **6.** B.

Tres chicas se presentan. La primera dice: "Yo me llamo
Catalina, pero me dicen Cata."
La segunda dice: "Yo me llamo Leticia, pero me dicen Leti."
Y la tercera: "Yo me llamo Penélope, pero no me gustan
los apodos."

Drei junge Frauen stellen sich einander
vor. Sagt die erste: „Ich heiße Catalina,
aber man nennt mich Cata."
Sagt die zweite: „Ich heiße Leticia, aber
man nennt mich Leti."
Und die dritte: „Ich heiße Penélope,
aber ich mag keine Spitznamen."

Viele **apodos** (*Spitznamen*) sind eine Verkürzung
des Namens. Die Verkürzung von **Penélope** wäre
Pene (= *Penis*), daher ihr Missmut!

¿CÓMO SE LLAMAN?

**Welchen Namen entsprechen diese
häufigen Spitznamen? Ordnen Sie sie zu.**

1. Pepe
2. Lola
3. Paco
4. Chayo
5. Chus
6. Licha

...... **A** Jesús

...... **B** Dolores

...... **c** Alicia

...... **D** Francisco

...... **E** José

...... **F** Rosario

LOS NÚMEROS ORDINALES

Entschlüsseln Sie die Ordnungszahlen im Buchstabensalat.

1. IOMREPR ....
2. NDEGUOS ....
3. ETOCERR ....
4. RUOCAT ....
5. UONTQI ....

6. STOEX ....
7. ÉMPTSIO ....
8. VOTACO ....
9. NNVEOO ....
10. OCDIMÉ ....

Ordnungszahlen richten sich nach dem Substantiv, das sie begleiten oder ersetzen. Vor männlichen Substantiven verlieren **primero** und **tercero** das **-o**. Die numerische Darstellung ist z. B. wie folgt: **1.º = primero** *(erste/r)*, **1.ᵉʳ piso** (**primer piso**, *erster Stock*), **1.ª calle** (**primera calle**, *erste Straße*). Ordnungszahlen bei Jahrhunderten, Herrschernamen usw. schreibt man mit römischen Ziffern. Ab elf verwendet man statt der Ordnungszahlen einfach die Grundzahlen, z. B. **el piso once.** *(der elfte Stock)* oder **Luis XIV** (**Luis Catorce**, *Ludwig der 14.*).

ESCRIBA LOS NÚMEROS

Schreiben Sie die in Klammern angegebenen Zahlen aus.

1. ¿Qué desea de [1.º] ...., señora?
2. De [1.ᵉʳ] .... plato quiero una ensalada mixta.
3. Don Quijote es una novela del siglo [XVI] ....
4. Vivo en el [3.ᵉʳ] .... piso, [2.ª] .... puerta.

¡PARA SIEMPRE! ★

¡Me gustas mucho! Quiero vivir a tu lado para siempre.[1]

Vale. Quizá podemos ser vecinos, ¿no?[2]

1 „Ich mag dich sehr! Ich möchte für immer an deiner Seite leben."
2 „Ok, wir können vielleicht Nachbarn sein, oder?"

ME GUSTA (MUCHO)

Übersetzen Sie diese Aussagen ins Spanische.

1. Ich mag meine Nachbarn.

....

2. Mögt ihr Fußball?

....

3. Ich mag keinen Fisch.

....

4. Wir mögen dich sehr!

....

Man verwendet **gustar** *(mögen, gefallen, schmecken)* mit Dativpronomen. Das, was gefällt, ist das Subjekt und mit ihm stimmt das Verb überein. Ist es ein Substantiv im Singular oder ein Infinitiv, steht **gustar** in der 3. Person Singular. Ist es ein Plural oder eine Aufzählung, steht **gustar** in der 3. Person Plural. Vor dem Substantiv steht der bestimmte Artikel, ein Possessiv- oder Demonstrativpronomen.

MÁS VERBOS CON DATIVO

Zur Unterscheidung oder Hervorhebung wird der Dativ mit **a + Substantiv/Namen/Pronomen „verdoppelt"**. Wie lauten die folgenden Sätze?

1. me | ¿y | cantar y | mí | a | bailar, | A | encanta | ti?

....

2. interesan | los | cosas | les | A | muchas | diferentes. | chicos

....

3. os | el | mosquitos? | ruido y | ¿No | molestan | los

....

Amar *(lieben)* und **odiar** *(hassen)* gehören nicht zu den Verben mit Dativ, z. B. **Odio el ruido.** *(Ich hasse Lärm.)*

HABLAR DE GUSTOS

Übereinstimmung oder Unstimmigkeit: Was ist hier richtig?

1. – Me gustas mucho.
 ○ **A** A mí también.
 ○ **B** Tú a mí también.

2. – Me encantan tus vecinos.
 ○ **A** A mí también.
 ○ **B** Tú a mí tampoco.

3. – A mí no me gusta esa música.
 ○ **A** Yo tampoco.
 ○ **B** A nosotros tampoco.

4. – Su idea nos parece buena.
 ○ **A** A ellos no.
 ○ **B** Ellos a mí no.

LÖSUNG
Übung 1: 1. Me gustan mis vecinos. **2.** ¿Os gusta el fútbol? **3.** No me gusta el pescado. **4.** ¡Nos gustas mucho!
Übung 2: 1. A mí me encanta cantar y bailar, ¿y a ti? **2.** A los chicos les interesan muchas cosas diferentes.
3. ¿No os molestan el ruido y los mosquitos? **Übung 3: 1.** B, **2.** A, **3.** B, **4.** A.

73   SOY ÚNICO   ★

Si tu ex te dice: "¡Nunca vas a encontrar a nadie como yo!",
le respondes: "Exactamente, ¡esa es la idea!"

Wenn dein Ex dir sagt: „Du wirst nie
(wieder) jemanden wie mich finden!",
antwortest du ihm: „Ganz genau,
darum geht es ja!"

Ex im Sinne von *Expartner/in* ist unveränderlich. Mit dem Artikel
drückt man das Geschlecht aus: **el ex** *(der Expartner)*, **la ex** *(die
Expartnerin)*. Als Vorsilbe deutet **ex-** darauf hin, dass jemand eine
bestimmte Funktion bzw. Beziehung nicht mehr besitzt: **mi exjefa**
(meine Ex-Chefin), **el exmarido de Sofía** *(Sofías Ex-Mann)*.

EXPRESIONES DE FRECUENCIA

**Welche Ausdrücke der Häufigkeit verstecken sich in der Wortschlange?
Schreiben Sie sie in aufsteigender Reihenfolge auf.**

AVECESNUNCASIEMPRERARAVEZAMENUDONORMALMENTECASINUNCA

Richtige Reihenfolge: ....

....

RELACIONES PERSONALES

Finden Sie im Wortgitter 15 Wörter, die persönliche Beziehungen bezeichnen.

C	O	M	P	A	Ñ	E	R	O	N	A
O	N	V	A	M	U	J	E	R	O	R
M	P	A	R	I	E	N	T	E	V	R
P	V	E	E	G	A	N	O	V	I	A
A	A	R	J	A	U	T	F	A	O	V
Ñ	M	M	A	R	I	D	O	M	O	E
E	I	V	E	C	I	N	A	A	Y	C
R	G	P	O	V	I	A	J	N	L	I
A	O	M	R	I	V	A	L	T	S	N
S	M	C	O	L	E	G	A	E	A	O

Compañero/-a bedeutet eigentlich *Gefährte/-in*. Beispiele: **compañeros de colegio** (*Mitschüler/-innen*), de **trabajo** (*Kollegen/-innen*), **compañeros sentimentales** (*Lebensgefährten*).

¡ESA ES LA IDEA!

Das Demonstrativpronomen **ese/-a** (*diese/r*) wird an das Substantiv angepasst, das es ersetzt, auch wenn das Substantiv nachfolgt. Setzen Sie es ein.

1. .... es la mejor idea.
2. ¿........ es tu nuevo colega?
3. Mira, ... es el vecino.
4. .... es el problema.
5. .... son mis amigos.
6. .... es la mujer de Paco.

74   ¡TE QUIERO TANTO!   **

¡Te quiero tanto! De verdad que, si tengo que elegir entre ti y un viaje, pensaré en ti durante todo el viaje!

„Ich liebe dich so sehr! Wirklich, wenn ich (einmal) die Wahl habe zwischen dir und einer Reise, werde ich während der ganzen Reise an dich denken!"

PARA VIAJAR

Beim Reisen ist vieles wichtig. Übersetzen Sie.

> **Billete** heißt auch *Geldschein*.

1. das Gepäck ....
2. der Koffer ....
3. der Verkehr ....
4. der Stau ....
5. der Bahnhof ....
6. der Flughafen ....

7. das Reiseziel ....
8. der Fahrschein ....
9. die Hinfahrt ....
10. die Rückfahrt ....
11. die Buchung ....
12. die Unterkunft ....

¿DURANTE O MIENTRAS?

Durante ist eine Präposition, daher folgt ein Substantiv.
Mientras ist eine Konjunktion, danach folgt ein Verb. Setzen
Sie die richtige Alternative ein: **Durante** oder **mientras?**

1. Pensaré en ti .... todo el viaje.

2. .... viajo, veo pasar el paisaje.

3. .... las vacaciones hemos hecho mucho deporte.

4. No pienso en nada .... hago yoga.

5. ¡No mires el móvil .... la comida!

6. Mucha gente ve sus mensajes .... está sentada a la mesa.

ORACIONES CONDICIONALES REALES

Wortsalat! Wie lauten die folgenden Sätze?

1. viaje, | me | mucho | de | pensaré | Si | vosotros. |
en | voy

   ....

2. retrasa | favor | vuelo. | si | tu | Por | llámame | se

   ....

3. llegado | avisas, | favor. | ya | me | ha | por | Si |
Martín,

   ....

4. te | mostrar | Si | las | viaje. | de | quieres, | fotos |
puedo | todas | mi

   ....

75   ME FALTAS   ★★

Diálogo por whatsapp:

> Ya sé que ya no somos novios, pero me falta el olor de tu perfume... [1]

> Te lo vendo. [2]

Dialog in Whatsapp:
1 „Ich weiß, dass wir nicht mehr zusammen sind, aber mir fehlt der Duft deines Parfüms ...“
2 „Ich verkaufe es dir.“

LOS CINCO SENTIDOS

Ordnen Sie jedem Bild das passende Sinnesorgan zu.

		órgano	sentido
..........**A**	la nariz	el olfato
..........**B**	los ojos	la vista
..........**C**	la piel	el tacto
..........**D**	la lengua	el gusto
..........**E**	los oídos	el oído

Im Spanischen unterscheidet man zwischen **oído** (*Innenohr*) und **oreja** (*Ohrmuschel*, also „Außenohr“), genauso wie zwischen **cuello** (*Hals – außen*) und **garganta** (*Hals/Kehle – innen*).

TRES VERBOS PARA SENTIR

Diese Verben sind unregelmäßig. Füllen Sie die Tabelle aus.

	1. ver	**2. oír**	**3. oler**
1. *Singular*	veo	oigo	huelo
2.	ves	oyes	....
3.	....	....	....
1. *Plural*	....	....	olemos
2.	....	....	
3.	....	....	

Nach etwas riechen bzw. schmecken heißt **oler** bzw. **saber a algo,** z. B. **huele a ajo.** *(Es riecht nach Knoblauch.)*

HABLAR DE SABORES

Setzen Sie die Geschmacksadjektive richtig ein: ácido, amargo, dulce, picante, salado.

1. Muchos postres españoles son muy ....

2. La sopa está muy ...., necesita más agua.

3. ¿No os parece demasiado .... esa cerveza?

4. Ponle menos limón si no lo quieres muy ....

5. La comida mexicana lleva mucho chile, es muy ....

Cuando hablas, me recuerdas el mar.¹

¡Qué romántico! No sabía que te impresionaba tanto.²

No me impresionas, ¡me mareas!³

1 „Wenn du sprichst, erinnerst du mich an das Meer."
2 Wie romantisch! Ich wusste (gar) nicht, dass ich dich so beeindrucke."
3 „Du beeindruckst mich nicht, du machst mich krank! (wörtlich: *seekrank*)"

COSAS DEL MAR

la marea alta/ baja
Ebbe/Flut

la orilla
Ufer

la duna
Düne

la ola
Welle

la roca
Felsen

la espuma
Gischt/Schaum

VACACIONES EN EL MAR

Finden Sie im Rätsel 15 Wörter zum Thema Strandurlaub.

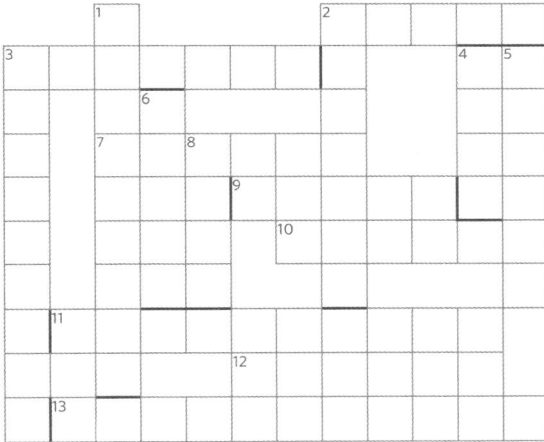

Horizontal:
2. *Bucht*
3. *Schnecke*
7. *Handtuch*
9. *schwimmen*
10. *Muschel*
11. *Rettungsschwimmer/in*
12. *Ball*
13. *Strandbar*

Vertical:
1. *Sonnenschutz*
2. *Badeanzug*
3. *planschen*
4. *Insel*
5. *tauchen*
6. *Küste*
8. *Alge*

¡QUÉ ROMÁNTICO! ★★★

> ¡Haría lo que fuera por verte, mi amor![1]

> ¡Qué romántico! ¿Cuándo vienes a verme?[2]

> Hoy definitivamente no, me parece que está empezando a llover.[3]

1 „Ich würde alles tun, um dich zu sehen, Liebes." **2** „Wie romantisch! Wann kommst du zu mir?" **3** „Heute auf keinen Fall, anscheinend fängt es gerade zu regnen an."

Wie übersetzen Sie *zu jemandem kommen/fahren* im Sinne von *jemanden besuchen?* Im Spanischen brauchen Sie entweder ein Verb wie **ver** (*sehen*) oder **visitar** (*besuchen*) oder aber Sie erwähnen die Wohnung. Also haben Sie für *Wann kommst du zu mir?* folgende Möglichkeiten: **¿Cuándo vienes a verme / a visitarme / a mi casa?**

LA PALABRA INTRUSA

Finden Sie heraus, welches Wort hier nicht passt.

1. romántico/-a   grosero/-a   cariñoso/-a
2. divertido/-a   alegre   perezoso/-a
3. callado/-a   presumido/-a   reservado/-a
4. impaciente   sereno/-a   tranquilo/-a
5. ambicioso/-a   sincero/-a   honesto/-a
6. cuidadoso/-a   prudente   despistado/-a

ME PARECE

Indikativ oder Subjuntivo? Setzen Sie diese Verben richtig ein: **1.** und **2. ir, 3.** und **4. llover, 5.** und **6. ser, 7. venir.**

1. Me parece que .... a llover.
2. No me parece que .... a llover.
3. Me parece fantástico que ....
4. Me parece que aquí no .... mucho.
5. Me parece bien que *(tú)* .... tan romántico.
6. No, no me parece que *(tú)* no .... romántico.
7. Me parece mal que *(tú)* no .... a verme.

Parecer mit Dativ ist ein „Glaubens-verb" und bedeutet *den Eindruck haben.* Im Nebensatz folgt **Subjuntivo** nur, wenn es verneint wird. **Parecer** + Adjektiv/ Adverb gehört dagegen zu den „Gefühlsverben" und bedeutet *(gut/ schlecht usw.) finden.* Im Nebensatz steht das Verb immer im **Subjuntivo**.

78 EL PENDIENTE

★★
★

Hombre, ¿desde cuándo llevas pendiente?[1]

Desde hace una semana... Es que mi mujer lo encontró en el coche y le dije que era mío.[2]

1 Zwei Freunde treffen sich und einer fragt den anderen:
„Mensch, seit wann trägst du einen Ohrring?" **2** „Seit einer Woche ... Meine Frau hat ihn nämlich im Auto gefunden, und ich sagte ihr, er sei meiner."

JOYAS

el collar
Halskette

el anillo
de compromiso
Verlobungsring

los pendientes
Ohrringe

el broche
Brosche

el brazalete
Armband

¿DESDE O DESDE HACE?

Seit mit einem Zeitpunkt heißt **desde**; mit einem Zeitraum, **desde hace**. Ergänzen Sie hier die richtige Auswahl.

1. ¿................ cuándo llevas pendiente?

2. Llevo pendiente .... un mes.

3. No nos hemos visto .... mucho tiempo, ¿verdad?

4. Sí, no nos hemos visto .... el verano pasado.

5. Pero a Ramón no lo he visto .... varios años.

EXPRESIONES CON "LLEVAR(SE)"

Llevar kommt in vielen festen Ausdrücken vor. Verbinden Sie.

1.	¡Qué bonito pendiente llevas!	........**A**	*Ich mag diesen Pulli, ich nehme ihn.*
2.	Me gusta este jersey, me lo llevo.	........**B**	*Dieses Gericht enthält viel Knoblauch.*
3.	Sara, llévale esto al jefe, ¿sí?	........**C**	*Frau Gil führt dieses Geschäft.*
4.	La señora Gil lleva este negocio.	........**D**	*Ich gehe schon ein Monat lang ins Fitnessstudio.*
5.	Este plato lleva mucho ajo.	........**E**	*Sara, bring das dem Chef, ja?*
6.	Me llevo muy bien contigo.	........**F**	*Ich verstehe mich sehr gut mit dir.*
7.	Llevo un mes yendo al gimnasio.	........**G**	*Du trägst (aber) einen schönen Ohrring!*

LÖSUNG
Übung 1: 1. Desde, 2. desde hace, 3. desde hace, 4. desde, 5. desde hace.
Übung 2: 1. G, 2. A, 3. E, 4. C, 5. B, 6. F, 7. D

Mira, ¡una estrella fugaz! Pide un deseo.[1]

¡Quiero que por fin nos casemos![2]

Oh, ¡me equivoqué! Era solo un avión.[3]

1 „Schau mal, eine Sternschnuppe! Wünsch dir was."
2 „Ich möchte, dass wir endlich heiraten!"
3 „Oh, ich habe mich geirrt! Es war nur ein Flugzeug."

TRANSICIONES

Beziehungen können bestimmte Stadien durchlaufen. Ordnen Sie sie zu.

1. hacerse novios
2. vivir juntos
3. (com)prometerse
4. casarse
5. separarse
6. divorciarse
7. enviudar

...... **A** zusammenleben

...... **B** heiraten

...... **C** Witwe/r werden

...... **D** sich verloben

...... **E** sich scheiden lassen

...... **F** eine Beziehung eingehen

...... **G** sich trennen

¿SUBJUNTIVO O INFINITIVO?

Nach Willensäußerungen und Gefühlen steht der Infinitiv,
wenn das Subjekt in Haupt- und Nebensatz übereinstimmt.
Bei verschiedenen Subjekten folgt que + Subjuntivo.

1. Quiero ...... contigo.
- ○ **A** casarme
- ○ **B** que me case

2. Quiero ...... por fin.
- ○ **A** casarnos
- ○ **B** que nos casemos

3. Me encanta ...... las estrellas.
- ○ **A** mirar juntos
- ○ **B** que miremos juntos

4. Me encanta ...... contigo.
- ○ **A** estar
- ○ **B** que esté

MIRANDO EL CIELO

la Luna
Mond

el Sol
Sonne

la estrella
Stern

la estrella fugaz
Sternschnuppe

el universo
Universum

el espacio
Weltraum

el planeta
Planet

la Tierra
Erde (Planet)

En un bar, un cliente pregunta: "¿Cuánto cuesta un café?"
Dice el camarero: "Dos euros con treinta."
Entonces el cliente pregunta cuánto cuesta el azúcar, y el
camarero le indica que es gratis. "Ah, bueno" dice el cliente,
"pues me trae solo un kilo de azúcar."

In einer Bar fragt ein Gast:
„Was kostet ein Kaffee?"
Sagt der Kellner: „Ein Euro."
Dann fragt der Gast, was der Zucker kostet,
und der Kellner sagt ihm, dass er umsonst sei.
„Ach, schön", sagt der Gast, „bringen Sie mir
also nur ein Kilo Zucker."

PRECIOS, PESOS Y MEDIDAS

Welche Preise, Gewichte und Maße verstecken sich in der Wortschlange?

OCHOMETROSCUADRADOSUNKILOYCUARTOCIENEUROSSETECIENTOS CINCUENTAGRAMOSVEINTEKILÓMETROSDOCEEUROSCONCUARENTACÉN TIMOSCUATROLITROSYMEDIOUNMETROSESENTAYOCHOCENTÍMETROS

Gemischte Zahlen bei Maß- und Mengenangaben
gehen so: ganze Zahl + **y** + Bruchteil, z. B. **un kilómetro
y medio** (*eineinhalb Kilometer*).

RESTAURANTE

TRAER, VENIR – LLEVAR, IR

Diese Verben zeigen auf eine Richtung hin: **traer** *(bringen)* und
venir *(kommen)* deuten zum Sprecher/zur Sprecherin hin, **llevar**
(bringen, [mit]nehmen) und **ir** *(gehen, kommen)* vom ihm/ihr weg.
Ergänzen Sie die Sätze mit **llevar, traes, venir, voy.**

1. Faltan varias cosas en la nevera.
   Ahora .... al supermercado.
2. Tengo que .... la lista de la compra.
3. He estado en casa todo el día y estoy
   aburrido. ¿Quieres .... a verme?
4. Podemos cenar juntos. ¿Qué tal
   si .... una pizza?

FALSOS AMIGOS

Die Wörter in der dritten Spalte werden oft falsch verstanden.
Was ist die richtige Bedeutung?

		Übersetzung	bedeutet	
1.	*Preis (zahlen)*	**el precio**	premio	....
2.	*Rechnung*	**la cuenta**	el cuento	....
3.	*(Kredit)karte*	**la tarjeta**	la carta	....
4.	*Gericht*	**el plato**	la plata	....

LÖSUNG
Übung 1: ocho metros cuadrados, un kilo y cuarto, cien euros, setecientos cincuenta gramos, veinte kilómetros, doce euros con cuarenta céntimos, cuatro litros y medio, un metro sesenta y ocho centímetros. **Übung 2: 1.** voy, **2.** llevar, **3.** venir, **4.** traes. **Übung 3: 1.** Preis (Gewinn), **2.** Märchen, **3.** Brief, **4.** Silber.

¿Cuánto cuesta el filete de pescado a la plancha?[1]

25 euros.[2]

¿Y a la romana?[3]

XXV.[4]

1 „Was kostet das Fischfilet vom Grill?" **2** „25 Euro." **3** „Und paniert / (auf) römische Art?" **4** „XXV."

¿CÓMO SE PREPARA?

Mit der Präposition a drückt man die Art und Weise, wie etwas zubereitet bzw. gemacht wird, aus. Verbinden Sie.

1.	calamares a la romana	.... **A**		*con una salsa agridulce*
2.	pato a la naranja	.... **B**		*fritas en aceite de oliva con ajo*
3.	patatas a la francesa	.... **C**		*cocinado sobre una placa caliente*
4.	gambas al ajillo	.... **D**		*pasados por huevo y harina*
5.	filete a la plancha	.... **E**		*cortadas como bastón y fritas en aceite*

In spanischsprachigen Ländern besteht die Hauptmahlzeit üblicherweise aus drei **platos** *(Gängen)*: **De primero** (wörtlich: *als erstes*) nimmt man eine **entrada** *(Vorspeise)*, **de segundo** *(als zweites bzw. zweiten Gang)*, den **plato principal** *(Hauptgericht)*, meistens **carne** *(Fleisch)* oder **pescado** *(Fisch)*, und am Schluss kommt der **postre** *(Dessert)*. In spanischen Speiselokalen gibt es auch immer ein **menú del día** *(Tagesmenü)*. Dazu bekommt man **pan** *(Brot)* sowie als **bebida** *(Getränk)* **agua** *(Wasser)* und/oder **vino** *(Wein)*.

LOS PLATOS DEL MENÚ

Finden Sie heraus, welches Gericht nicht mit den anderen zusammen im selben Abschnitt auf der Speisekarte aufgelistet wird.

1. sopa de tomate	cava	ensalada mixta
2. calamares fritos	merluza a la plancha	pollo en salsa de jerez
3. macedonia de frutas	patatas bravas	champiñones al ajillo
4. chuletas asadas	guiso de conejo	melón con jamón
5. helado de vainilla	patatas a la alemana	fruta del tiempo
6. fritura de mariscos	vino de la casa	agua sin gas

¡QUÉ AMABLE! ★★

En un restaurante, una señora le pide la cuenta al camarero.
Él le dice:

> Cincuenta, señora.[1]

Encantada, ella responde:

> ¡Huy, ¡qué amable! Entonces,
> ¡muchas gracias y adiós![2]

1 In einem Restaurant fragt eine Dame den Kellner nach der Rechnung. Er sagt ihr: „Fünfzig, meine Dame. / Ohne Rechnung."
2 Begeistert erwidert sie: „Oh, wie nett! Dann vielen Dank und tschüs!"

Die Pointe entsteht nur, wenn man hier das **c** als **[s]** ausspricht. Dann klingt **cincuenta** (fünfzig) genauso wie **sin cuenta** (ohne Rechnung).

Hat man in einem Restaurant mit Freunden gegessen, ist es unüblich, dass jeder seine eigene Rechnung bestellt. Häufig zahlt eine Person für alle und sagt dabei: **Hoy pago yo**. (Heute zahle ich.); das nächste Mal übernimmt eine andere Person die Rechnung für alle. Die andere Variante ist: **Dividimos la cuenta**. (Wir teilen die Rechnung auf.), wobei jeder das Gleiche zahlt und die Bedienung nur eine Rechnung an den Tisch bringt.

LA MESA PUESTA

el mantel — la copa
la servilleta — la cuchara
el tenedor — la cucharilla
el plato — el cuchillo

A LA HORA DE PAGAR

Hier finden Sie Ausdrücke, die Sie beim Zahlen im Restaurant brauchen. Verbinden Sie sie mit der entsprechenden Übersetzung.

1.	deber	......A	abrechnen
2.	cobrar	......B	Rückgeld
3.	en efectivo	C	in bar (bezahlen)
4.	con tarjeta	......D	Trinkgeld
5.	la vuelta	......E	mit Karte (zahlen)
6.	la propina	......F	schulden

Oft kommt die Rechnung in einem Teller oder in einer kleinen Mappe. Normalerweise legt man das das Trinkgeld einfach dort hinein oder lässt es auf dem Tisch, ohne etwas zu sagen.

LÖSUNG 1. F, 2. A, 3. C, 4. E, 5. B, 6. D.

83 ¡QUÉ ASCO! ★★

¡Moscas en mi sopa! ¡Qué asco!¹

Es el dibujo del plato, señora.²

¡Pero si se mueven!³

Es que es un dibujo animado.⁴

1 „Fliegen in meiner Suppe! Igitt!" **2** „Das ist das Bild auf dem Teller, meine Dame." **3** „Aber sie bewegen sich doch!" **4** „Es handelt sich um ein bewegtes Bild / eine Zeichentrickanimation."

84 ENSALADA BIO ★★

Camarero, ¡hay un gusano en mi ensalada!¹

¡Qué raro! Yo pensé que ya los habíamos sacado todos.²

1 „Herr Ober, da ist ein Wurm in meinem Salat!"
2 „Wie seltsam, ich dachte, wir hätten sie alle herausgenommen!"

VERDURAS

Finden Sie 17 Gemüsesorten im Wortgitter.

Z	A	N	A	H	O	R	I	A	X	D
C	L	E	C	H	U	G	A	E	L	E
S	C	C	A	P	E	P	I	N	O	S
P	A	O	L	C	J	U	D	Í	A	P
I	C	L	A	E	B	A	P	I	O	Á
M	H	T	B	B	N	S	V	U	I	R
I	O	O	A	O	M	A	Í	Z	C	R
E	F	M	C	L	P	A	T	A	T	A
N	A	A	Í	L	A	J	O	A	Q	G
T	E	T	N	A	R	Á	B	A	N	O
O	B	E	R	E	N	J	E	N	A	P

(Kopf)salat als rohes Gemüse heißt **lechuga**. **Ensalada** bezeichnet einen zum Verzehr fertigen Salat mit Salatsoße.

TIPOS DE PELÍCULAS

película romántica

musical

de suspenso

de dibujos animados

de acción

comedia

drama

de ciencia ficción

85 ¿CÓMO VINO? ⋆⋆

> Señora, ¿vino con el plato principal?[1]

> No, vine sola.[2]

1 „Meine Dame, Wein zum Hauptgericht? /
Kamen Sie mit dem Hauptgericht zusammen?"
2 „Nein, ich bin alleine gekommen."

LAS BEBIDAS

**el agua sin gas /
con gas**
Wasser ohne/mit Kohlensäure

**el vino tinto /
blanco / rosado**
Rot-/Weißwein, Rosé

**el zumo de
naranja**
Orangensaft

**la cerveza /
la caña**
Bier

la sangría
Sangria

el cava
Sekt

INDEFINIDO: ¿PRIMERA O TERCERA?

Viele Spanischlerner/-innen verwechseln die 1. und die 3. Person der unregelmäßigen Formen des **Indefinido**. Was ist hier richtig?

1. Señora, ¿ayer .... usted sola?
○ **A** vine
○ **B** vino

3. El martes (yo) .... a un restaurante con amigos.
○ **A** fui
○ **B** fue

2. No, (yo) .... con mi marido.
○ **A** vine
○ **B** vino

4. Es que .... mi cumpleaños.
○ **A** fui
○ **B** fue

¿QUIEN DICE QUÉ?

Was sagt der Kellner (1), was der Gast (2) in einem Restaurant? Kreuzen Sie die Nummer in der Tabelle an.

	1 CAMARERO	2 CLIENTE
A ¿Vino con el plato principal?	●	●
B Este plato, ¿lleva mucho ajo?	●	●
C ¿Me trae un poco más de pan, por favor?	●	●
D ¿Les gusta esta mesa?	●	●
E ¿Desean algo de postre o un café?	●	●

¿Cómo encontró el filete, señor?[1]

Pues realmente con bastante dificultad. Estaba escondido debajo de las patatas.[2]

1 „Wie fanden Sie das Filetsteak, mein Herr?"
2 „Nun, eigentlich (nur) mit ziemlicher Mühe. Es war unter den Kartoffeln versteckt."

SUSTANTIVOS DERIVADOS DE ADJETIVOS

Anhand von Endungen werden neue Wortarten aus anderen abgeleitet. Schreiben Sie zu jedem dieser abgeleiteten Substantive die entsprechenden Adjektive in die Tabelle.

1. la dificultad	....	**6.** la fealdad	....
2. la facilidad	....	**7.** la riqueza	....
3. la juventud	....	**8.** la pobreza	....
4. la vejez	....	**9.** la tontería	....
5. la hermosura	....	**10.** la inteligencia	....

EXPRESIONES CON "ENCONTRAR(SE)"

Encontrar(se) kommt in vielen Ausdrücken vor. Verbinden Sie
die zwei Teile dieser Aussagen.

1.	¿Cómo encontró el filete, señor?	.... **A**	No sé cómo la podremos solucionar.
2.	Esta situación la encuentro grave.	.... **B**	Creo que está en la plaza central, ¿no?
3.	No encuentro mis llaves.	.... **C**	Me duele la cabeza.
4.	¿Dónde se encuentra el hotel?	.... **D**	¿Quieres venir con nosotros?
5.	Hoy no me encuentro bien.	.... **E**	¿Sabes dónde están?
6.	Mañana nos encontramos con amigos en la playa.	.... **F**	Espero que le haya gustado.

DESEOS ESPECIALES

**Wortsalat! Hier werden Sonderwünsche mitgeteilt. Wie lauten
die folgenden Sätze richtigerweise?**

1. ¿tendrá | alcohol? | sin | Disculpe, | cerveza

....

2. preparen | ¿Es | mariscos? | paella | que | sin |
la | posible | me

....

3. postre | pero | un | de | nata. | helado, | doble
| De | con | querría | el

....

En la entrada de un bar de tapas hay mucha gente haciendo cola.
Una persona protesta:

> Oiga, ahí en la barra hay un tipo
> dormido. ¿Por qué no lo despierta,
> para que la gente pueda entrar?[1]

Responde el camarero:

> Es que cada vez que se despierta,
> pide la cuenta, la paga y se vuelve
> a dormir.[2]

„Am Eingang einer Tapas-Bar stehen viele Menschen Schlange. Eine Person protestiert: **1** „Hey, am Tresen schläft ein Typ. Warum wecken Sie ihn nicht auf, damit die Leute reinkommen können?"
Sagt der Kellner: **2** „Weil er (nämlich) jedes Mal, wenn er wach wird, nach der Rechnung fragt, sie bezahlt und dann wieder einschläft."

Ir de tapas *(Tapas essen gehen)* ist in Spanien sehr beliebt; vor manchen Lokalen muss man sogar Schlange stehen. Tapas sind kleine Häppchen, die vorbereitet und in einer gekühlten **vitrina** *(Glaskasten)* auf der **barra** *(Tresen)* appetitlich angerichtet werden. Man sitzt gerne direkt dort auf **taburetes** *(Hockern)* und genießt ein Getränk, das lebhafte **ambiente** *(Atmosphäre)* und natürlich die Vielfalt der **tapas**.

TAPAS VARIADAS

Nicht nur **jamón** *(Schinken)*, **aceitunas** *(Oliven)* und **queso manchego** *(Manchego-Käse)* sind beliebte **tapas**. Verbinden Sie die folgenden **tapas** mit der entsprechenden Erklärung.

1. boquerones en vinagre	......**A**	porciones ovaladas a base de bechamel, con trocitos de jamón, empanadas y fritas
2. pinchos morunos	......**B**	pequeñas tartas rellenas, p. ej. de atún o de carne picada
3. croquetas de jamón	......**C**	ensalada de patatas y verduras aderezada con mayonesa
4. empanadillas	......**D**	filetes de pescaditos marinados y fríos
5. ensaladilla rusa	......**E**	trocitos de carne marinados con especias, ensartados en un palito y asados

ORACIONES FINALES

Nach **para que** *(um zu)* folgt der **Subjuntivo**. Ergänzen Sie die Sätze mit den Verben: 1. **poder**, 2. **traer**, 3. **hacer**, 4. **salir**, 5. **mandar**.

1. Usted tiene que salir para que la gente .... entrar al bar.

2. Mario, si ves al camarero, llámalo para que nos .... la cuenta.

3. Camarero, ¿le doy mi móvil para que nos .... una foto, por favor?

4. Chicas, acercaos un poco para que .... todas en la foto.

5. Ada, ¿me puedes pasar la foto para que se la .... a los abuelos?

88 CON TILDE ★

En una entrevista de trabajo:

Mencione dos palabras con tilde.[1]

Matilde y Clotilde.[2]

¡Muy bien, contratado![3]

In einem Vorstellungsgespräch:
1 „Erwähnen Sie zwei Wörter mit Akzent /„tilde"."
2 „Matilde und Clotilde."
3 „Sehr gut, Sie sind eingestellt!"

Im Deutschen bezeichnet *Tilde* die kleine Schlangenlinie auf dem Buchstaben **ñ**, der ihn von einem **n** unterscheidet. Das spanische Wort **tilde** bezeichnet zudem den **acento** *(Akzent)* auf Vokalen und die sog. **diéresis**, d. h. die Pünktchen auf dem **u**, wenn dieses ausgesprochen werden soll, z. B. **bilingüe** *(zweispachig)* oder **pingüino** *(Pinguin)*. Im Witz sollte der Jobbeauftragte die sprachlichen Kenntnisse des Bewerbers prüfen. Da er aber selbst genauso wenig Ahnung hat wie dieser, gibt er sich mit einer ganz simplen Antwort zufrieden.

¿CÓMO SE PRONUNCIA?

Unterstreichen Sie die Silbe, die in diesen Namen betont wird.

1. Alberto
2. Montserrat
3. Javier
4. Cristina
5. Daniel
6. Margarita
7. David
8. Elena
9. Carlos
10. Esther
11. Antonio
12. Carmen

Ohne geschriebenen Akzent gibt es zwei Betonungsregeln:
1) Endet das Wort auf **-n**, **-s** oder Vokal, betont man die vorletzte Silbe.
2) Endet das Wort auf einen anderen Konsonanten außer **-n** und **-s**, betont man die letzte Silbe.

PONGA EL ACENTO

Diese Namen haben alle einen grafischen Akzent. Die betonte Silbe ist fett markiert, schreiben Sie den Akzent.

1. To**mas**
2. **Mo**nica
3. Sebas**tian**
4. **Fa**tima
5. **Cris**tobal
6. An**ge**lica
7. Jo**se**
8. Ve**ro**nica
9. **Os**car
10. Nico**las**
11. **Fe**lix
12. **I**nes

Bei der Akzentsetzung gelten folgende Regeln:
1) Betonung auf der letzten Silbe: Man setzt einen Akzent, wenn das Wort auf **-n**, **-s** oder Vokal endet.
2) Betonung auf der vorletzten Silbe: Man setzt einen Akzent, wenn das Wort auf einen anderen Konsonanten außer **-n** und **-s** endet.
3) Betonung <u>vor</u> der vorletzten Silbe: Es steht immer ein Akzent.

¿QUÉ EMPRESAS? ★

Jefa, me tiene que aumentar el sueldo, porque varias empresas van detrás de mí.[1]

¿Ah, sí? ¿Cuáles?[2]

La de gas, agua, luz y teléfono.[3]

1 „Chefin, Sie müssen mir mein Gehalt erhöhen, weil mehrere Unternehmen hinter mir her sind." **2** „Ach, ja? Welche?" **3** „Die Gas-, Wasser-, Strom- und Telefonanbieter."

EL TRABAJO

las vacaciones
Urlaub

el horario de trabajo
Arbeitszeit

el sueldo
Gehalt

la empresa
Unternehmen, Firma

el puesto de trabajo
Arbeitsstelle, Job

OPUESTOS

Der kleine Hund soll nicht drinnen sein Geschäft verrichten, sondern draußen! Wie lautet das entgegengesetzte Adverb? Füllen Sie die Lücken aus.

1. detrás ≠ ....
2. cerca ≠ ....
3. encima ≠ ....
4. lento ≠ ....
5. abajo ≠ ....
6. antes ≠ ....
7. nunca ≠ ....
8. dentro ≠ ....

EXPRESIONES CON "TENER"

Tener kommt in vielen festen Ausdrücken vor. Hier sind zwei Teile einer Aussage bzw. zwei Fragen getrennt worden. Verbinden Sie.

1. ¿Tienes hambre o sed?	...... A	Esa curva es muy peligrosa.
2. No tengo ni frío ni calor.	...... B	En dos minutos se va el tren.
3. Ten cuidado, por favor.	 C	¿Qué edad tiene?
4. ¿Cuántos años tiene usted?	...... D	Estoy perfectamente, gracias.
5. Tenemos prisa.	...... E	El examen será difícil.
6. Tenéis que estudiar mucho.	...... F	Aquí tengo algo para comer y beber.

90

¿A QUÉ JUGAMOS? **

Un niño le propone a su amigo:

> ¿Jugamos a ser funcionarios?[1]

> Vale. ¿Cómo se juega?[2]

> Pues muy fácil. Vas a la oficina y no haces nada. Si te mueves, ¡pierdes![3]

Ein Junge macht seinem Freund einen Vorschlag: **1** „Spielen wir 'Beamte'." **2** „Ok. Wie spielt man das?" **3** „Na, ganz einfach. Du gehst ins Büro und machst (gar) nichts. Wenn du dich bewegst, hast du verloren!"

Funcionarios (*Beamte*) arbeiten im **servicio público** (*öffentlichen Dienst*). Sie werden mit Steuergeldern finanziert und genießen eine relativ hohe Arbeitssicherheit. Es gibt viele **prejuicios** (*Vorurteile*) über die Arbeitsweise von Beamten, die zu ihrem schlechten Image beitragen. Zu einer solchen voreingenommenen Sichtweise gehört ihre angebliche Vorliebe zur **rutina** (*Routine*) und ein Mangel an **eficiencia** (*Effizienz*), sowie der Hang zur **burocracia** (*Bürokratie*).

EN LA OFICINA

Markieren Sie in diesem Wortgitter zehn Dinge auf Spanisch,
die Sie im Büro vorfinden:

1. *Blatt*
2. *Brief*
3. *Briefumschlag*
4. *Büroklammer*
5. *Datei*
6. *Hefter*
7. *Mappe*
8. *Papierkorb*
9. *Schreibtisch*
10. *Stuhl*

C	A	R	P	E	T	A	S	A	X
A	G	R	A	P	A	D	O	R	A
R	C	C	P	P	E	C	B	H	O
T	A	O	E	C	J	L	R	O	A
A	S	I	L	L	A	I	E	J	O
M	H	T	E	B	N	P	V	A	I
E	S	C	R	I	T	O	R	I	O
E	F	M	A	R	C	H	I	V	O

EL DÍA A DÍA DE MARA

Mara ist Beamtin. Ordnen Sie die Reihenfolge ihrer Aktivitäten (1-6).

.... **A** Después de ducharme y desayunar, me voy a la oficina a las 8.00.

.... **B** Antes de irme a casa a las 18.00, tengo mucho trabajo con los expedientes.

.... **C** La atención al público es desde las 9.00 hasta las 14.00.

.... **D** Me levanto a las 6.00 y salgo a correr media hora con mi novio.

.... **E** Sobre las 12.00 hago una pausa y como algo.

.... **F** Ya en casa, leo o miro una serie, cocino y ceno antes de acostarme.

91

MI PROPIO JEFE ★★

> Me encanta ser taxista, porque soy mi propio jefe y nadie me dice lo que tengo que hacer.[1]

> Ya. ¡Siga hasta el semáforo y ahí gire a la derecha![2]

1 Ich liebe es, Taxifahrer zu sein, weil ich mein eigener Chef bin und niemand mir sagt, was ich zu tun habe." **2** „Ach, so. Fahren Sie bis zur Ampel und biegen Sie dann rechts ab!"

EL TRÁFICO

**Im Verkehr brauchen Sie viele Wörter.
Ordnen Sie diese zu.**

1. conducir
2. el carnet
3. la autopista
4. la carretera
5. la avenida
6. la calle
7. el carril
8. el semáforo
9. la esquina
10. el atasco
11. el aparcamiento
12. el carril bici

...... **A** Führerschein

...... **B** Ampel

...... **C** breite Straße, Allee

...... **D** Schnellstraße

...... **E** Fahrradweg

...... **F** Spur/Schiene/Bahn

...... **G** (selbst) fahren

...... **H** Stau

...... **I** Autobahn

...... **J** Parkplatz

...... **K** Straße

...... **L** Ecke

EL IMPERATIVO DE "USTED"

Für den Imperativ von **usted** nimmt man die Form der 1. Person Präsens und ändert den Vokal der Endung: Die Verben auf **-ar** bekommen ein **-e**, die Verben auf **-er/-ir** ein **-a**. Tragen Sie die Imperativformen für die folgenden Verben ein:

1. girar ....
2. seguir ....
3. conducir ....

4. parar ....
5. oír ....
6. aparcar ....

SEÑALES DE TRÁFICO

Gire a la derecha

No gire a la derecha

Pare

No aparque

No pase

¡Atención!

Velocidad máxima 30

No siga recto

Utilice cinturón de seguridad

Paso de peatones / Paso de cebra

EL MODELO ★★

¿A qué te dedicas?[2]

Soy modelo para anuncios de gimnasios.[2]

¡Pero si estás muy gordo![3]

Es que yo soy el "antes".[4]

1 „Was machst du beruflich?"
2 „Ich bin Model für Fitness-studio-Werbung."
3 „Aber du bist (schon) sehr dick!"
4 „Ja, ich bin das 'Vorher-Bild'."

ANTES Y AHORA

Früher Sportmuffel und heute fit? Die linke Spalte ist antes (vorher), die rechte ahora (jetzt). Finden Sie heraus, was sich alles verändert hat.

Antes...		Ahora...
1. no hacía ejercicio.	........A	paso mi tiempo libre con amigos.
2. tomaba baños de sol.	........B	voy cada día al gimnasio.
3. comía mucha grasa.	C	practico meditación y estoy calmado.
4. era adicto al móvil.	........D	llevo una dieta sana.
5. tenía mucho estrés.	........E	cuido mi piel.

EN EL GIMNASIO

el vestidor
Ankleideraum

las pesas
Hanteln

la bicicleta estática
Heimtrainer, Spinning-Bike

las sentadillas
Kniebeugen

las agujetas
Muskelkater

¿PERO O SINO?

Folgende Sätze drücken einen Gegensatz aus. Ergänzen Sie sie mit pero oder sino.

1. No estoy gordo .... musculoso.

2. Quiero ir al gimnasio .... no tengo tiempo.

3. Inma no es tímida, ... callada.

4. Héctor es tímido, ... desea cambiar.

Man verwendet **sino** (*sondern*) nur, wenn der erste Teil des Satzes verneint wird und der zweite Teil diesem widerspricht. Ansonsten drückt man einen Gegensatz mit **pero** (*aber*) aus.

93 LA NUEVA COCINERA ✳✳✳

La cocinera nueva es un sol.[1]

¿Ah, sí? ¿Guisa muy bien?[2]

No, ¡lo quema todo![3]

1 „Die neue Köchin ist ein Schatz (wörtlich: *eine Sonne*)." **2** „Ach, ja? Kocht sie sehr gut?" **3** „Nein, sie lässt alles anbrennen (wörtlich: *sie verbrennt alles*)!"

DIFERENTES FORMAS DE COCINAR

Hier geht es um feine Unterschiede beim Kochen. Verbinden Sie.

1. asar	......**A**	in Fett braten
2. freír	......**B**	(feste Nahrungsmittel) in Wasser kochen
3. hervir	......**C**	erhitzen, erwärmen
4. cocer	......**D**	ohne Fett braten, grillen
5. guisar	......**E**	(Flüssigkeit) aufkochen, sieden
6. calentar	......**F**	schmoren

Wie sagt man „backen" auf Spanisch? Bereitet man etwas im Ofen (**horno**) zu, heißt das **hornear**. Für die Zubereitung von Plätzchen, Kuchen und Brot sagt man einfach **hacer galletas / un pastel / pan**.

LA COCINA

el armario
Schrank

el fregadero
Spülbecken

el microondas
Mikrowelle

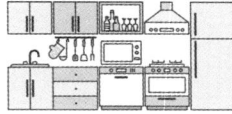

la cocina de gas /
eléctrica
Gas-/Elektroherd

el congelador
Tiefkühlfach

la nevera
Kühlschrank

el lavavajillas
Spülmaschine

ES UN/A...

Es gibt viele idiomatische, umgangssprachliche Redewendungen mit **es un/a** + Substantiv. Suchen Sie die jeweils passende aus.

1. Arturo me ha ayudado mucho. ¡Es ....!
○ **A** un sol
○ **B** un roble

2. Gloria es ...... para el ajedrez. ¡Nadie le gana!
○ **A** un pedazo de pan
○ **B** un hacha

3. Cómpralo, ¡realmente es ......!
○ **A** un estuche de monerías
○ **B** una ganga

4. No te cases con Rafael, es ....
○ **A** un pelmazo
○ **B** un manitas

LÖSUNG
Übung 1: 1. D, 2. A, 3. E, 4. B, 5. F, 6. C. Übung 2: 1. A, 2. B, 3. B *(Schnäppchen)*, 4. A *(Nervensäge)*.

173

94

EL UNICORNIO

★ ★
★
★ ★

Se encuentran dos amigos en la calle y dice el primero:

> Hace un momento, cuando salí del trabajo, ¡casi me atropelló un unicornio![1]

Responde el otro, sorprendido:

1 Zwei Freunde treffen sich auf der Straße und der erste sagt: „Vorhin, als ich von der Arbeit kam, hat mich fast ein Einhorn überfahren!"
2 Da antwortet der andere, überrascht: „Was! Seit wann hast du einen Job?"

> ¡Cómo! ¿Desde cuándo tienes trabajo?[2]

EL DESEMPLEO

estar en el paro
arbeitslos sein

la jornada reducida
Kurzarbeit

el subsidio de desempleo
Arbeitslosengeld

despedir
entlassen

el/la desempleado/-a
Arbeitslose/r

¿HACE O DESDE HACE?

Treffen Sie die richtige Wahl: **Hace** heißt *vor* und **desde hace**, *seit*.
Beide werden im Zusammenhang mit einem Zeitraum verwendet.

1. Ernesto está sin trabajo .... tres meses.

2. Lo despidieron .... tres meses.

3. .... una semana envió una solicitud, a ver
si hay suerte.

4. Está esperando una respuesta .... una semana.

5. Por lo menos recibe subsidio .... un mes.

PERSONAJES FANTÁSTICOS

Kennen Sie sich in der Fantasiewelt aus? Ordnen Sie jedem Bild den
passenden Namen zu.

1   **2**   **3**

4   **5**   **6**

...... **A** el monstruo

...... **B** el unicornio

...... **C** el hechicero

...... **D** el hada

...... **E** el dragón

...... **F** el fantasma

95

LA DIETA ★

Primer día de dieta:

> ¡Estoy muy feliz! Ya no tengo
> ni helados ni pasteles en la
> nevera... ¡Estaban riquísimos!

Erster Diättag:
„Ich bin sehr glücklich! Ich habe kein Eis und keinen
Kuchen mehr im Kühlschrank ... Sie waren super lecker!"

LAS EMOCIONES

**Ordnen Sie jedem Bild den passenden
Gemütszustand zu.**

1 2 3 4

5 6 7 8

9 10

...... **A** feliz

...... **B** sorprendido/-a

...... **C** aburrido/-a

...... **D** preocupado/-a

...... **E** nervioso/-a

...... **F** triste

...... **G** enfadado/-a

...... **H** asustado/-a

...... **I** tranquilo/-a

...... **J** divertido/-a

MUCHO/-A, MUY ODER MUCHO?

Was ist hier richtig, Adjektiv oder Adverb? Setzen Sie **mucho/-a**, **muy** oder **mucho** richtig ein.

1. Mateo ya ha probado .... dietas.
2. Ahora está .... feliz porque por fin una le funciona y le gusta ....
3. Además, tiene una aplicación .... práctica en el móvil.
4. Ahí hay una lista con .... alimentos y .... bebidas.
5. Así puede comer ...., pero solo cosas sin .... calorías.

YA (NO) ODER TODAVÍA (NO)?

Todavía (noch), **todavía no** (noch nicht), **ya** (schon) oder **ya no** (nicht mehr)? Treffen Sie die richtige Wahl.

1. .... nos conocemos, ¿verdad? Soy Iker.

.... **A** ya

.... **B** todavía

.... **C** ya no

.... **D** todavía no

2. Como mucho porque .... tengo que crecer.

3. Mi amor, ¡ .... quiero volver a verte! ¿Cuándo vienes?

4. ¡ .... te quiero ver, no vuelvas nunca más!

LA ABUELA OFENDIDA ★

Caperucita le dice al lobo, que está en la cama, vestido de abuelita:

> Abuelita, ¡qué ojos tan grandes tienes! [1]

> Son para verte mejor. [2]

> ¡Qué orejas tan grandes tienes! [3]

> Son para oírte mejor. [4]

> ¡Qué boca tan grande tienes! [5]

> ¡Vaya, vaya! ¿Es que has venido solo para criticarme? [6]

1 Rotkäppchen sagt zu dem Wolf, der als Oma verkleidet im Bett liegt: „Oma, was hast du für große Augen!"
2 „Damit ich dich besser sehen kann."
3 „Was hast du für große Ohren!"
4 Damit ich dich besser hören kann."
5 „Was hast du für ein großes Maul!"
6 „Mannomann! Bist du denn nur gekommen, um an mir herumzukritisieren?"

Boca bedeutet sowohl *Mund* als auch *Maul*. Genauso verwendet man für *essen* und *fressen* nur das eine Verb **comer**. Die reflexive Form **comerse** bringt eine Verstärkung zum Ausdruck (*aufessen*), z. B. **Mi hermano siempre se come todo**. (*Mein Bruder isst immer alles auf*).

CONCORDANCIA DE ADJETIVOS

Egal, was zwischen dem Substantiv und dem dazugehörigen Adjektiv steht, das Adjektiv muss immer in Geschlecht und Zahl angepasst werden. Ergänzen Sie die fehlenden Endungen.

1. Caperucita visita al lobo, que está en la cama, vestid...... de abuelita.

2. Pero la niña, aunque quiere mucho a su abuelita, es muy observador...... y nota que hay algo rar.......

3. Los lobos, que están en peligro de extensión, todavía son muy temid...... por la gente.

4. Esa imagen negativ...... pone en peligro los programas para proteger a estos animales, que son important...... para el ecosistema.

¡VAYA, VAYA!

Ausdrücke wie ¡Vaya! drücken Empfindungen, Bewertungen oder gewisse Haltungen aus. Die Intonation und der Kontext entscheiden darüber, wie man sie interpretiert. Verbinden Sie die Sätze mit der wahrscheinlichsten Interpretation.

1. ¡Vaya! ¿Es esta una hora de llegar a casa?	......**A**	*Überraschung*
2. ¡Vaya! ¡Qué coincidencia!	......**B**	*Überdruss*
3. ¿Has visto? ¡Vaya casa!	......**C**	*Verärgerung*
4. ¡Vaya tiempo! ¡Qué frío!	......**D**	*Bewunderung*
5. ¡Vaya pianista! ¡Es increíble!	......**E**	*Erstaunen*

LÖSUNG
Übung 1: 1. vestido, 2. observadora, raro, 3. temidos, 4. negativa, importantes.
Übung 2: 1. C, 2. A, 3. D/E, 4. B, 5. D/E.

Oiga, se ha saltado un semáforo en rojo, tengo que ponerle una multa. ¿Su nombre?[1]

Lucas Ormaetxea Ibargüengoitia.[2]

Bueno, en realidad la luz del semáforo todavía no estaba roja, ¡lo que se dice roja...![3]

1 „Hey, Sie haben eine rote Ampel überfahren, ich muss Ihnen einen Strafzettel geben. Ihr Name?" **2** „Iñaki Ormaetxea Ibargüengoitia." **3** „Nun, eigentlich war die Ampel noch nicht rot, (also) nicht wirklich richtig rot ...!"

Spanischsprecher/-innen finden generell baskische Namen schwierig. **El vasco** (*das Baskische*, **Euskera** in der Eigenbezeichnung) ist im Baskenland, im Norden Spaniens, neben dem **castellano** (*Kastilisch, Spanisch*) offizielle Landessprache. Im Spanischen finden sich sowohl bestimmte Nachnamen baskischer Herkunft (z. B. **Guevara, Bolívar, Ochoa**) als auch ursprünglich baskische Wörter, die Teil der spanischen Sprache wurden, wie z. B. **bandera** (*Fahne*), **izquierda** (*links*), **zurdo** (*Linkshänder*), **mochila** (*Rucksack*) oder **cachorro** (*Welpe*).

LOCUCIONES ADVERBIALES

In dieser Wortschlange finden Sie zehn häufig verwendete adverbiale Ausdrücke wie z. B. im Witz **en realidad**, die aus mehreren Wörtern bestehen. Schreiben Sie sie in alphabetischer Reihenfolge auf.

DEREPENTEGTVPOCOAPOCOLWSINEMBARGOBALFINALQUPORLOMENOS NJVDENREALIDADEOALPRINCIPIOPORCIERTOFASENSERIOMTIALOMEJOR

Richtige Reihenfolge: ....

¡UNA MULTA!

Wie lauten diese Gründe für einen Strafzettel?

1. semáforo | un | rojo | saltarse | en

....

2. el | del | de | drogas | las | efecto | alcohol o | conducir | bajo

....

3. velocidad | conducir | exceso | de | a

....

4. conduce | móvil | utilizar | se | mientras | el

....

5. cinturón | no | el | de | llevar | seguridad

....

¡QUÉ MIEDO! ★★

> ¿Por qué un elefante no usaría nunca un ordenador?[1]

> ¡Porque a los elefantes les dan miedo los ratones![2]

1 „Warum würde ein Elefant nie im Leben einen Computer benutzen?"
2 „Weil Elefanten Angst vor Mäusen haben!"

HOMÓNIMOS

Die Wörter im Kasten haben zwei Bedeutungen. Ordnen Sie sie zu.

1. parte del ordenador	animal pequeño
2. asiento	instituto financiero
3. luz del fuego	animal sudamericano
4. parte de la boca	idioma
5. personas que esperan su turno	parte de un animal

...... **A** lengua

...... **B** banco

...... **C** cola

...... **D** llama

...... **E** ratón

LA PALABRA INTRUSA

Finden Sie heraus, welches Wort hier nicht passt. Die anderen
beiden sind Verben in der 1. Person des Konditionals I.

1.	hablaría	confía	volvería
2.	aprendería	sabría	tenía
3.	compañía	debería	tendría
4.	recomendaría	haría	garantía
5.	abriría	juguetería	habría
6.	tontería	podría	vendría
7.	pondría	alegraría	mejoría
8.	alegría	podría	vendría

Um den Konditional I
zu bilden, hängen Sie
die Endungen des
Imperfekts der Verben auf **-er** und **-ir**
direkt an den Infinitiv
an. Die unregelmäßigen Verben sind die
gleichen wie beim
Futur.

ME DA MIEDO

Das Verb **dar** kommt als Dativkonstruktion in vielen Ausdrücken
vor. Verbinden Sie.

1.	me da miedo	....	**A**	*es macht mich schläfrig*
2.	me da sueño	....	**B**	*ich bekomme Durst*
3.	me da hambre	....	**C**	*es ist mir egal*
4.	me da sed	....	**D**	*ich habe keinen Bock*
5.	me da alergia	....	**E**	*es freut mich sehr*
6.	me da igual	....	**F**	*ich krieg' die Krise*
7.	me dan ganas	....	**G**	*ich bekomme Hunger*
8.	no me da la gana	....	**H**	*es macht mir Angst*
9.	me da el ataque	....	**I**	*ich bekomme eine Allergie*
10.	me da mucho gusto	....	**J**	*ich bekomme Lust*

LÖSUNG
Übung 1: 1. E, 2. B, 3. D, 4. A, 5. C. Übung 2: 1. confía, 2. tenía, 3. compañía, 4. garantía, 5. juguetería,
6. tontería, 7. mejoría, 8. alegría. Übung 3: 1. H, 2. A, 3. G, 4. B, 5. I, 6. C, 7. J, 8. D, 9. F, 10. E.

99

UNA LARGA ESPERA ★★★

Una avellana llega a la parada del autobús y le pregunta a una pera:

¿Hace mucho tiempo que espera?[1]

Pues siempre he sido una pera, o sea que desde que nací.[2]

[1] „Kommt eine Haselnuss an die Bushaltestelle und fragt eine Birne: „Warten Sie schon lange / Sind Sie schon lange eine Birne?"

[2] „Nun, ich bin schon immer eine Birne gewesen, also seit meiner Geburt."

ORACIONES CONSECUTIVAS

Espera = es pera

Konsekutivsätze beinhalten eine Folge bzw. eine Auswirkung. Verbinden Sie die passenden Teile miteinander.

1.	Laia siempre ha sido así,	.... **A**	de manera que hay prisa.
2.	No tengo los datos todavía,	.... **B**	por lo tanto no irá hoy.
3.	El tren se va en media hora,	.... **C**	de modo que habla francés.
4.	Alicia sigue enferma,	.... **D**	así que tú la conoces.
5.	Iván vivió un año en París,	.... **E**	por eso no se los puedo dar.

FRUTOS SECOS

Finden Sie im Wortgitter zwölf Trockenfrüchte und Nüsse!

A	V	E	L	L	A	N	A	L	L	A
L	Z	V	P	I	S	T	A	C	H	O
M	Ú	D	A	H	O	G	B	A	C	R
E	C	P	S	N	U	E	Z	C	D	O
N	A	I	A	N	A	P	J	A	Á	Z
D	R	P	U	M	C	I	F	H	T	L
R	C	A	S	T	A	Ñ	A	U	I	A
A	A	P	O	E	I	Ó	W	E	L	Z
É	O	R	E	J	Ó	N	O	T	S	O
A	N	A	C	A	R	D	O	E	A	T

Als **Frutos secos** bezeichnet man sowohl *Trockenobst* (meist Dörrobst) als auch alle Sorten von Nüssen. Sie sind als kleiner Snack in spanischsprachigen Ländern sehr beliebt.

Erdnüsse kommen, wie viele andere Nahrungsmittel, ursprünglich vom amerikanischen Kontinent. Einige Bezeichnungen, die auf **-te** enden, stammen aus dem *nahuatl*, der Sprache der Azteken, die einen **tl**-Laut hat. Diesen Laut haben die Spanier als **-te** wiedergegeben. Beispiele sind **cacahuete** *(Erdnuss)*, **tomate** *(Tomate)*, **aguacate** *(Avocado)* und **chocolate** *(Schokolade)*.

LÖSUNG
Übung 1: 1. D, **2.** E, **3.** A, **4.** B, **5.** C. **Übung 2:** *Waagrecht:* avellana, pistacho, nuez, castaña, orejón, anacardo. *Senkrecht:* almendra, pipa, pasa, piñón, cacahuete, dátil.

100

LA MANZANA SABIA ★★★

Una manzana se ha caído del árbol y las demás se ríen de ella.
Ella exclama:

> Solo esperad un poco y no os burléis. ¡Sois unas inmaduras!

Ein Apfel ist vom Baum gefallen und die anderen lachen ihn aus. Er ruft: „Wartet nur ein bisschen und macht euch nicht über mich lustig. Ihr seid ja (so) unreif!"

EL IMPERATIVO DE VOSOTROS

Schreiben Sie jeweils die entsprechende positive Aufforderung.

1. ¡No os burléis! ....
2. ¡No vengáis! ....
3. ¡No me ayudéis! ....
4. ¡No vayáis! ....
5. ¡No digáis! ....
6. ¡No os quejéis! ....

Für den Imperativ von **vosotros** ersetzt man beim Infinitiv das Schluss-**r** durch ein **-d**. Die Pronomen werden angehängt. Bei reflexiven Verben entfällt das **d**, z. B. **burlaos** (macht euch lustig). Der verneinte Imperativ entspricht den Präsensformen des **Subjuntivo**.

VERBOS CON PREPOSICIÓN

Welche Präposition folgt nach diesen Verben?
Entscheiden Sie: a, con, de oder en?

1. burlarse ....
2. enamorarse ....
3. pensar ....
4. empezar ....
5. ponerse ....
6. terminar ....
7. llamar ....
8. vivir ....
9. volver ....
10. soñar ....

ESTILO INDIRECTO EN PRESENTE

Die indirekte Rede gibt die Worte anderer wieder. Steht das Verb, z. B. **decir** *(sagen)*, im Präsens oder im Perfekt, muss man lediglich die neue Perspektive (Person) anpassen. Ergänzen Sie die Sätze.

1. Sois inmaduras.   Ella les ha dicho a las demás que .... inmaduras.
2. ¡Esperad!   Les ha aconsejado que ....
3. ¡No os burléis de mí!   Les ha pedido que no ....
4. Un día, todas seremos compota.   Les ha explicado que, un día, todas .... puré.
5. ¿No lo sabéis?   Les ha preguntado ....

Ein Imperativ in der direkten Rede wird mit **Subjuntivo** Präsens im Nebensatz wiedergegeben, z. B. "**Esperad.** *(Wartet.)*" > **Digo que esperen.** *(Ich sage, dass sie warten sollen).* Indirekte Fragen werden durch Fragepronomen wie **qué** *(was)*, **quién** *(wer)* usw. oder durch **si** *(ob)* eingeleitet.

LA PRINCESA LISTA ★★

El sapo le dijo a la princesa:

> Bésame y me convertiré en un príncipe![1]

Pero la princesa era muy lista, y respondió:

1 Der Frosch sagte zur Prinzessin:
„Küss mich, und ich werde ein Prinz!"
Aber die Prinzessin war sehr schlau,
und erwiderte:
2 „Ich bin doch nicht blöd! Mit einem
sprechenden Frosch kann ich
viel mehr Geld verdienen!"

> ¡Ni que fuera tonta! ¡Puedo ganar mucho más dinero con un sapo que habla![2]

Im Spanischen ist der verzauberte Frosch ein **sapo**
(Kröte), da er männlich ist und so (im Märchen)
besser zur Prinzessin passt.

NI QUE

Mit ni que + Subjuntivo Imperfekt widerspricht man einer Frage oder Aussage deutlich. Verbinden Sie die Sätze mit der jeweils passenden Reaktion.

1.	¿Me preparas la cena?	........**A**	Qué va, ¡ni que fuéramos ricos!
2.	¿Alquilamos ese piso?	........**B**	Hombre, ¡ni que fuera para tanto!
3.	¡Esto es inaceptable!	........**C**	Háztela tú, ¡ni que yo fuera tu empleada!

EL ESTILO INDIRECTO CON VERBO EN PASADO

Beachten Sie die Zeiten der Verben in der indirekten Rede, wenn das Verb im Hauptsatz in der Vergangenheit steht. Verbinden Sie die Sätze nun mit dem Märchenwesen, das sie sagte:

.... **A** Le dijo a la princesa que lo besara.

.... **B** Le preguntó al espejo quién era la más guapa.

.... **C** Le dijo a la chica que probara la manzana.

.... **D** Le pidió al caballero que salvara a su hija.

.... **E** Le dijo a la chica que le ayudaría a convertir la paja en oro.

1	2	3	4	5

el rey	el enano	la reina mala	el sapo	la bruja

UN FINAL FELIZ

Wie enden die Märchen im Spanischen üblicherweise? Zwei dieser Optionen sind zutreffend. Welche?

○ **A** Y si todavía no han muerto, aún viven por ahí.

○ **B** Y vivieron felices, y comieron perdices.

○ **C** Y colorín colorado, este cuento se ha acabado.

Und zu guter Letzt heißt es im Märchen auch: **Esto es verdad y no miento, como me lo contaron te lo cuento.** *(Das ist wahr, und ich lüge nicht, (so) wie man es mir erzählt hat, erzähle ich es dir.)*

BILDNACHWEIS

3 PONS GmbH (Mariela Schwerdt), Stuttgart; **4** Shutterstock (janista), New York; **10.1** PONS GmbH (Mariela Schwerdt), Stuttgart; **10.2** Getty Images (FrankRamspott), München; **12.1, 14** Getty Images (Bubert), München; **12.2** Getty Images (ARTPUPPY), München; **13** Shutterstock (MoQcCa), New York; **15** Getty Images (Oleg Gorbachev), München; **15** Shutterstock (Susann Schroeter), New York; **16.1** Getty Images (Olga Prokopeva), München; **16.2** Getty Images (Smokeyjo), München; **17** Shutterstock (josep perianes jorba), New York; **18** Shutterstock (Moriz), New York; **19** Shutterstock (After Shutter), New York; **20.2, 20.3, 20.4.2** Getty Images (Ming Lok Fung), München; **20.5** Shutterstock (males_design), New York; **21** Getty Images (sonicken), München; **22.1** Getty Images (Smokeyjo), München; **22.2** Getty Images (cthoman), München; **24** PONS GmbH (Mariela Schwerdt), Stuttgart; **25** Getty Images (hoshisei), München; **26.1** Getty Images (Tigatelu), München; **26.2** Shutterstock (Igor Zakowski), New York; **26.3** Getty Images (Glenne82), München; **27.1** Getty Images (Anastasia Poguda), München; **27.2** Getty Images (Anna Lukina), München; **27.3** Getty Images (FrankRamspott), München; **27.4, 114.2** Getty Images (Igor Zakowski), München; **28** PONS GmbH (Mariela Schwerdt), Stuttgart; **29** Shutterstock (Elinorka), New York; **30** Shutterstock (anfisa focusova), New York; **31** Shutterstock (Andrey Apoev), New York; **32.1** Shutterstock (Yayayoyo), New York; **32.2** Getty Images (jpa1999), München; **34.1** Shutterstock (haru_natsu_kobo), New York; **34.2** Getty Images (LEOcrafts), München; **35.1** Shutterstock (NB_Factory), New York; **35.2** Getty Images (FrankRamspott), München; **36.1** Shutterstock (Daniela Barreto), New York; **36.2** Shutterstock (Netkoff), New York; **37** Shutterstock (En min Shen), New York; **38** PONS GmbH (Mariela Schwerdt), Stuttgart; **39** Getty Images (owattaphotos), München; **40.1, 41.2** Shutterstock (Inga Linder), New York; **40.2, 41.1, 41.3** Shutterstock (Blue Planet Earth), New York; **40.2** Shutterstock (Kurt Achatz), New York; **41.4** Getty Images (cteconsulting), München; **41.5** Shutterstock (LaFifa), New York; **42.1** Shutterstock (Anton Brand), New York; **42.2** Shutterstock (owatta), New York; **44.1** Getty Images (dvoriankin), München; **44.2** Shutterstock (Pranch), New York; **45** Getty Images (CSA Images), München; **46** Getty Images (FrankRamspott), München; **47** Getty Images (Bubert), München; **48** Getty Images (jameslee1), München; **49** Getty Images (CSA Images), München; **50.1** Getty Images (nicoletaionescu), München; **50.2** Getty Images (Mark Murphy), München; **52** PONS GmbH (Mariela Schwerdt), Stuttgart; **52.2** Getty Images (insemar), München; **54.1** Shutterstock (Grigorkevich Ekaterina), New York; **54.2** Getty Images (skalapendra), München; **55** Getty Images (Malchev), München; **56.1** Getty Images (McMillan Digital Art), München; **56.2** Getty Images (CurvaBezier), München; **57** Getty Images (pijama61), München; **58** Getty Images (yayayoyo), München; **59.1** Getty Images (exxorian), München; **59.2** Getty Images (ourlifelooklikeballoon), München; **60** PONS GmbH (Mariela Schwerdt), Stuttgart; **61** Getty Images (smilewithjul), München; **62** Getty Images (ScottTalent), München; **63** Getty Images (RUSSELLTATEdotCOM), München; **64** Getty Images (-zetwe-), München; **65** Getty Images (schiva), München; **66** Getty Images (cteconsulting), München; **67** Getty Images (Voronchihina Mariya), München; **68.1** Shutterstock (Morphart Creation), New York; **68.2** Getty Images (Visual Generation), München; **70** Getty Images (FoxysGraphic), München; **71** Getty Images (littlepaw), München; **72.1** Getty Images (Tatiana Averina), München; **72.2** Shutterstock (Melok), New York; **73** Getty Images (Mono), München; **74.1** Shutterstock (Barnawi M Thahir), New York; **74.2** PONS GmbH (Mariela Schwerdt), Stuttgart; **75** Getty Images (maradaisy), München; **76** PONS GmbH (Mariela Schwerdt), Stuttgart; **77** Getty Images (puruan), München; **78** Shutterstock (The beeeer), New York; **79.1** Getty Images (justinroque), München; **79.2, 79.3, 79.4, 79.5, 79.6** Getty Images (Rudzhan Nagiev), München; **79.7** Shutterstock (AuraArt), New York; **80** Getty Images (sunanman), München; **81** Shutterstock (Aliaksandr Radzko), New York; **82.1** Getty Images (Alias-Ching), München; **82.2** Shutterstock (AuraArt), New York; **84.1** Getty Images (zoljo), München; **84.2, 112.2** Shutterstock (Rebellion Works), New York; **85** Getty Images (Tetiana Gutnyk), München; **86** Getty Images (MarinaBH), München; **88.1** Getty Images (yayayoyo), München; **88.2** Shutterstock (PinkPeng), New York; **89** Getty Images (ruthyoel), München; **90.1** Getty Images (FloWBo), München; **90.2** Getty Images (Walther), München; **91.1, 91.2, 91.3, 91.4** Getty Images (MatoomMi), München; **91.5, 91.6, 91.7, 91.8** Getty Images (MatoomMi), München;

92, PONS GmbH (Mariela Schwerdt), Stuttgart; **93** Getty Images (ChuckWhelon), München; **94** Getty Images (cako74), München; **96** Shutterstock (Alan Benge), New York; **97** Shutterstock (Tereza Vana), New York; **98.1** Getty Images (Dinosuch), München; **98.2** Getty Images (vectortatu), München; **100** Getty Images (Lin Shao-hua), München; **101** Shutterstock (Memo Angeles), New York; **102.1** Getty Images (yayayoyo), München; **102.2** Shutterstock (Nikolaeva), New York; **104.1** Shutterstock (123Done), New York; **104.2** Getty Images (jesadaphorn), München; **105** Getty Images (JoyTasa), München; **106** Getty Images (ScottTalent), München; **107** Getty Images (Mehmet Şeşen), München; **108.1** Shutterstock (Ron Leishman), New York; **108.2** Getty Images (Tetkoren), München; **109** Getty Images (ARTPUPPY), München; **110.1** Getty Images (osker14), München; **110.2** Getty Images (AntiMartina), München; **112**, PONS GmbH (Mariela Schwerdt), Stuttgart; **114.1** Shutterstock (brgfx), New York; **115** Getty Images (cthoman), München; **116** Getty Images (CTRd), München; **117** Shutterstock (Regina F. Silva), New York; **118.1**, PONS GmbH (Mariela Schwerdt), Stuttgart; **118.2** Shutterstock (Vectorfair.com), New York; **119** Getty Images (ARTPUPPY), München; **120.1, 120.2, 126.1, 176.2** Shutterstock (Tartila), New York; **120.3** Shutterstock (Astarina), New York; **120.4** Shutterstock (owatta), New York; **121.1, 121.2** Shutterstock (Puckung), New York; **121.3, 121.4, 121.5, 121.6, 121.7, 121.8, 121.9** Shutterstock (artnLera), New York; **122**, PONS GmbH (Mariela Schwerdt), Stuttgart; **123** Shutterstock (dedMazay), New York; **124** Getty Images (korobula), München; **126.2** Shutterstock (chip art), New York; **126.3** Getty Images (Good_Stock), München; **128** Shutterstock (Morphart Creation), New York; **129** Shutterstock (Kazakova Maryia), New York; **130** Shutterstock (Sylverarts Vectors), New York; **131** Shutterstock (Javrock), New York; **132, 143** Getty Images (IgorZakowski), München; **134** Getty Images (kbeis), München; **135** Getty Images (Smokeyjo), München; **136** Getty Images (BRO Vector), München; **138.1** Shutterstock (Black-Pearl), New York; **138.2** Shutterstock (Essl), New York; **139** Getty Images (memoangeles), München; **140.1** Shutterstock (Ron Leishman), New York; **140.2** Getty Images (FrankRamspott), München; **142.1** Getty Images (jesadaphorn), München; **142.2** Getty Images (memoangeles), München; **144.1** Shutterstock (Rabbixel), New York; **144.2** Shutterstock (lineartestpilot), New York; **144.3** Shutterstock (dedMazay), New York; **146**, PONS GmbH (Mariela Schwerdt), Stuttgart; **147** Getty Images (FrankRamspott), München; **148** Getty Images (owattaphotos), München; **149** Getty Images (Janista), München; **150.1** Getty Images (Omadbek Nabiev), München; **150.2** Shutterstock (dedMazay), New York; **150.3** Getty Images (The Toon Company), München; **151** Getty Images (Verzh), München; **152**, PONS GmbH (Mariela Schwerdt), Stuttgart; **153** Getty Images (AnnaLugova), München; **154.1** Shutterstock (Babich A Aleksey), New York; **154.2** Shutterstock (Ron Leishman), New York; **155.1** Getty Images (Easy_Company), München; **155.2** Getty Images (macrovector), München; **156.1** Getty Images (kbeis), München; **156.2** Getty Images (graphicgeoff), München; **156.3** Getty Images (mimsmash), München; **158**, PONS GmbH (Mariela Schwerdt), Stuttgart; **159** Shutterstock (Giuseppe_R), New York; **160** Getty Images (RekaReka), München; **162** Shutterstock (airdone), New York; **164.1** Shutterstock (Memo Angeles), New York; **164.2** Getty Images (Igor Zakowski), München; **165** Getty Images (IgorZakowski), München; **166**, PONS GmbH (Mariela Schwerdt), Stuttgart; **168** Getty Images (David_Rey), München; **169.1** Shutterstock (Technicsorn Stocker), New York; **169.2** Shutterstock (Poverty vector), New York; **169.3** Shutterstock (Vikulichka), New York; **169.6** Shutterstock (Jojoo64), New York; **169.7** Shutterstock (r.classen), New York; **169.8** Shutterstock (infinetsoft), New York; **169.9** Shutterstock (estudiofcx), New York; **169.10** Shutterstock (Passakorn Umpornmaha), New York; **170** Shutterstock (Burgua), New York; **171** Getty Images (Zdenek Sasek), München; **172** Shutterstock (Ron Leishman), New York; **173** Shutterstock (Falara), New York; **174.1**, PONS GmbH (Mariela Schwerdt), Stuttgart; **174.2** Getty Images (Igor Zakowski), München; **175.1** Getty Images (IgorZakowski), München; **175.2, 175.6, 175.7, 189.5** Getty Images (Igor Zakowski), München; **175.3, 188.2, 189.1,** Getty Images (Igor Zakowski), München; **175.4, 175.5, 179** Getty Images (Igor Zakowski), München; **176.1** Shutterstock (rogistok), New York; **178, 188.1, 189.2, 189.3, 189.4** Getty Images (Igor Zakowski), München; **180** Getty Images (antonbrand), München; **181** Getty Images (CTRd), München; **182.1** Getty Images (CTRd), München; **182.2** Getty Images (AngBay), München; **184**, PONS GmbH (Mariela Schwerdt), Stuttgart; **185** Getty Images (HitToon), München; **186**, PONS GmbH (Mariela Schwerdt), Stuttgart; **187.1** Shutterstock (Memo Angeles), New York; **187.2** Shutterstock (Zdenek Sasek), New York

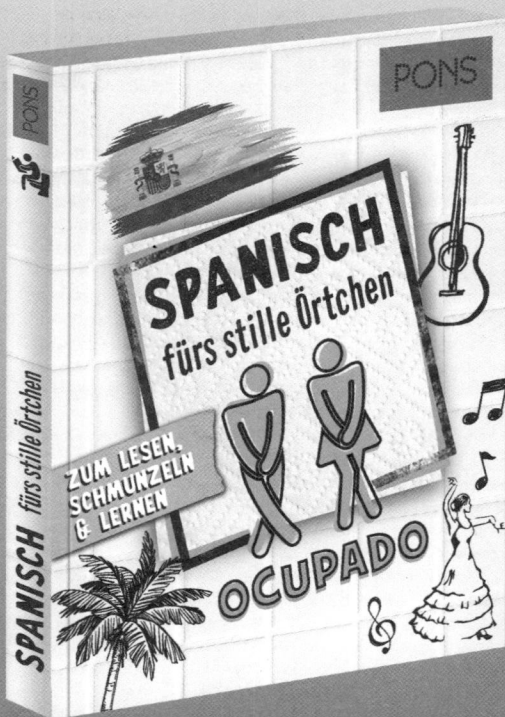